JN101754

女人政治の中世

北条政子と日野富子

田端泰子

吉川弘文館

はじめに

女性と政治とのかかわりはどのような形態でなされていたのか、また女性はどの程度の政治的権限を持っていたのかを、中世という時代のなかでみていくこと、これが本書の課題である。

日本において、女性は政治にどのようにかかわってきたのかという問いにたいし、通説では、古代と近代で明解な答えが用意されてきた。一般に、古代社会では、女帝が六人八代にわたって出現したように、また祭祀の面で女性の立場が必要とされたことに象徴されるように、女性には政治担当能力があったと見られてきた。近代においても、婦人参政権を求める運動や、『青鞜』など女性の自我の発揮を促した文化運動が存在することから、近代においてようやく女性が政治的権利の獲得に目覚め、女性と政治が結びついたと考えられている。古代に持っていた政治的諸権利を失った中世・近世の女性たちは、近代社会で多くの苦難と闘ったが政治的権利の回復にはいたらず、参政権を獲得したのは、戦後改革の時代になってようやく達成できた、というのが通説となってきた。

しかしこの見方は、直接政治を動かす立場に就いたのは男なのか女なのか、選挙権を獲得したのは男なのか女なのか、という異なる二つの見方を単に合体させただけであり、これ以外の視点が省かれている点に問題がある。政権を担当したのはだれか、それを選んだのはだれかという視点以外に、政治が機能するように制度を整えたのはだれか、経済的基盤を握っていたのはだれかを、執政する側の問題点として明らかにする必要がある。それとともに、古代・中世・近世の時代に、社会的集団の単位として存在した「氏」や「家」（親族や家族）の中での諸権利の分担を、各階層の中で確定していく作業がなければ、前近代の政治と女性のかかわりは解けないだろう。

本書では、現実に執政した階層とともに、それを支えた武士階級の女性をとらえ、両者が同じ基盤の上に立っていたことを明らかにしていく。武士階級の「家」における女性の地位と役割を広く検討する視角を持つことによって、北条政子、日野重子、日野富子、それに北政所おねの姿を浮彫りに出来るだろう。それによって彼女らが武士階級一般の女性の、典型化した姿であったことが明らかになると思う。

慈円は『愚管抄』（巻第六）の中で次のようにのべる。

> 時正（政）ガムスメノ、実朝・頼家ガ母イキ残リタルガ世ニテ有ニヤ。（中略）此イモウトセウトシテ関東ヲバヲコナイテ有ケリ。京ニハ卿二位ヒシト世ヲ取タリ。女人入眼ノ日本国イヨ〳〵マコト也ケリト云ベキニヤ。

京でも鎌倉でも、女性が執政する姿があり、そのことから「女人入眼（じゆがん）の日本国」が中世では実現していたとしている。入眼とは、画工が絵を画く時に眼の中に瞳を画き入れることによって仕上げをすることである。したがって「女人入眼」とは、女性が生命を吹き込まれて、生き生きと活躍しているありさまを指すのである。慈円はこの時代「女人が出てこの国をうまく治めることをしとげる」という意味の「女人此国ヲバ入眼スト申伝ヘタルハ是也」と、こうしたいい伝えがあったことも記している。慈円のような見方は、一部の人だけのもの、特殊な人々にのみあてはまるものであったのだろうか。私はそうではないと思う。「女人入眼」という状況は、単に北条政子や日野富子だけでなく、もっと広く武士階級一般の女性の姿にも存在したことを、本書では女性と政治のかかわりのなかでとらえなおしてみたい。

目次

第一章　北条政子　　その人と政治

源頼朝の正室政子は、女人政治の系譜の中でも、中世の部分における中心的な位置にある。政子が執政したことについては、誰しも認めるところであろう。ただし執政時期については、三浦周行、渡辺保、永原慶二、五味文彦、永井路子それぞれに拙稿などで共通して承認されているのは、実朝の死後、摂家将軍時代である。しかしそれをもっと遡って考えようとする傾向もあり、例えば五味文彦は「将軍の御台所（みだいどころ）（正妻）となってさまざまなかたちで築きあげた縁によって、将軍頼朝の死後に至っても、より強力な権力を形成したのである」と述べ、幕府のはじまりが頼朝と政子の結びつきにあったとみて、両者の婚姻の時点からの政子の位置を重視する（「聖・媒・縁」女性史総合研究会編『日本女性生活史』第2巻「中世」所収、東京大学出版会、一九九〇年）。

私見では、執政期間を遡らせることに賛成であるが、①夫頼朝の生存中、②後家としての頼家・実朝時代、③実朝暗殺後摂家将軍擁立期の三期に分けて考える必要があると思う。それぞれの時期で執政の内容が大きく異なり、政子の位置にも変化が生じているからである。本書では、政子の執政内容をそれぞれの時期で確定していくことに主題を置き、述べてみたいと思う。

時期を三つに区分した理由は、政子の呼称が、大きく分けて三様に変化している点にある。政子は治承四年（一一八〇）八月十八日から『吾妻鏡』に登場し、建久六年（一一九五）八月十七日まで一貫して「御台所」と呼ばれてきた。ところが正治元年（一一九九）正月には「従二位平政子遠江守時政女」と記され、以後政子は「尼御台所」と呼ばれるようになる。この年正月に夫源頼朝が没し、政子は後家尼となり、長男頼家が「遺跡」を継いだことが、呼称の変化を生じた原因である。

ついで「尼御台所」の呼称が消えるのは、建保六年（一二一八）五月以後である。この五月ごろ尼御台所政子は在京しており、出家人の叙位としてはきわめて珍しいことだが、従三位に叙せられた。また六月二十七日、次男実朝が大将に任ぜられ、その拝賀の鶴岡参宮を見物した際、政子は「禅定三品」と呼ばれたのである。禅定とは禅那ともいい、心を静かにして真理を直観するという仏教語である。禅には、政権を譲るという意味もある。政権を実朝に譲ったが、真理を行うのに最もふさわしい位置に、当時の政子はあると、当時の人々には思われていたのであろう。

ところが政権を譲って静かに真理を直観する道は、翌年正月の実朝暗殺で、閉ざされてしまう。承久元年（一二一九）以後、亡くなるまでの第三期には政子は「二位家」「禅定二位家」「二品」「二品禅尼」「二品御方」と呼ばれる。この第三期の呼称の特徴の一つは「禅定」という呼び名にあったが、もう一つの特徴は「二位家」などと「家」を付けて呼ばれた点にあると思う。この家は家族を指すのではなく、中世の社会経済の単位としての「家」であろう。政子のことを第三期になってなぜ「二位家」などと「家」を付けて呼んだのであろうか。この点も本文の中で併せて考えてみたい。

一　御台所の権限

夫頼朝の旗上げとともに登場

北条政子が生まれたのは、没年である一二二五年から逆算すると、一一五七年であると推定される。頼朝との婚姻は治承元年（一一七七）であるから、政子二十一歳の時ということになる。頼朝はこの年三十一歳であり、しかも『曽我物語』にあるようにこれ以前に伊東氏の娘を妻としており、初婚ではなかった。頼朝は十三歳の時に伊豆国に流人（るにん）として来たが、その際、伊東氏と北条氏を頼ったと『曽我物語』は述べる。伊東祐親（すけちか）は四人の娘を持っており、一人は三浦義澄（よしずみ）の妻となり、一人は工藤祐経（すけつね）と婚姻したがのち土肥（とい）弥太郎遠平（とおひら）と再婚している。三人目の娘と頼朝は結ばれたのであった。二人の間に「千鶴御前（せんづるごぜん）」という子供が生まれたが、伊東祐親は娘が流人を聟にとったことを怒り、この子を松川の淵に投げ入れて殺したとされる。祐親はこの三人目の娘を江間小四郎に再婚させている。この事件は『曽我物語』が評したように、伊東氏と北条氏の将来を全く分ける事件となった。北条氏が鎌倉期に発展したのは、政子の頼朝との婚姻にあずかるところ大であると私も思う。

『吾妻鏡』に初めて政子が登場するのは、伊豆走湯山（そうとうざん）の文陽房覚淵（もんようぼうかくえん）の坊に身を潜めた場面においてである。この時頼朝は伊豆国蒲屋御厨の住民等に対し、史大夫知親の奉行を停止させる、すなわち土民を悩ませた非法を停止させることを宣言した治承四年八月十九日付の文書を残している。これは親王の宣旨（天皇が出す公文書）に基づき東国の「諸国一同荘公皆御沙汰たるべし」という東国沙汰権（東国に対する支配権）を得ていたが、その権限をはじめて具体化したものである。東国沙汰権を行使した、記念すべき時期にあたるのである。つまり御台所政子の姿は、頼朝の東国沙汰権行使という、関東の棟梁として姿をあらわした時に、同じく出現するのである。「御台所」＝正室としての象徴的な出現であった。

この前日、頼朝が戦場に交わるため年来してきた勤行をつとめられなくなるので、伊豆山の法音尼に勤行を托したことがみえる。法音尼が「御台所御経師」であったことが、このような関係を成立させることになった。頼朝の勤行を御台所の経の師が代わってつとめることになった点にも、留守を守る御台所の役割が示されていると考える。夫留守中の家を御台所政子が守り、その役割の一端を自分の経師につとめさせているという関係になろう。

治承四年八月十九日の事件はこれをさらによく示している。走湯山衆徒の訴えによって、土肥辺から北条へと往復する武士の狼藉を自筆の書で停止させた頼朝は、世上無為の暁には、伊豆一所、相模一所の荘園を走湯山に寄進すると約束して、走湯山の衆徒の憤りを慰めている。こうした約束がなされた上で、その夜、御台所は走湯山文陽房覚淵のもとに寄宿し、身を潜めたのである。この経過を見ると、頼朝が文書を発行し、走湯山の協力を確認した上で、御台所がそこに身を潜ませるという、連携プレーがなされていることに気付く。夫頼朝が旗上げの行動に移り、またはじめて東国沙汰権という権限を行使しはじめた時、妻である御台所は留守を守り勤行を行なって戦勝を祈るという妻役割を分担する姿を公に見せはじめる。政子は「御台所」としての姿で登場したのであった。

政子がいつ生まれたのかは問題ではなかった。幼少時の姿も関心の外であった。頼朝の前妻である伊東祐親の娘も、のちに将軍家の御台所として御家人の尊敬を集めた政子に比べれば、重要性においてその比ではなく、触れられることはなかったといえよう。まさに政子は、頼朝の正室、御台所として、『吾妻鏡』に描かれはじめたのである。御台所政子の最初の役割は、夫留守中の勤行継続や戦勝祈願を含めた「家」を守る点にあった。そしてそれは夫の東国沙汰権や、それにもとづく所領寄進の権限によって保障された妻役割でもあったのである。

石橋山の合戦の後、箱根に入り、その後安房へ渡った頼朝は、安否を気遣っていたであろう御台所に対し、土肥遠平を使者としてつかわしている。この間十日が経っていた。このように、厳しい合戦の最中であったが、頼朝は政子に使を立てている。これも、政子の御台所としての役割つまり留守を守るという役割を、頼朝が認めていたことを示すものであろう。

頼朝がその後、上総、下総、武蔵を平定して相模国に着き、鎌倉に入り、山内に邸宅をつくりはじめた。するとこれに呼応するかのように政子は鎌倉入りしている。鎌倉の邸宅の作事始と軌を一にして政子が鎌倉に入ったのは、頼朝と密接な連絡があったことを示すものであろう。こうして頼朝と政子の二人による将軍家の姿が、はっきりと『吾妻鏡』には描かれはじめたのである。翌養和元年（一一八一）十二月、御台所政子が病気になると「営中上下群集」の記事がみえる。御台所の病気を、頼朝のもとに参集した御家人達すべて、女房たちすべてが心配し、邸に集まってきた様子が描かれるのである。政子は御家人と女房衆の上に立つ将軍家の一員であり、御台所として登場したのである。

頼家の誕生

寿永元年（一一八二）政子が懐妊、頼朝はこれを喜びまた安産を祈って、伊東祐親に恩赦を与えようとしたり（二月十四日）、鶴岡の参道を造らせたりしている（三月十五日）。着帯は三月九日に行われ、千葉常胤の妻が献じた帯を、頼朝が自ら結んでいる。七月十二日、お産が近づいた政子は、かねて点じておいた比企谷の邸へ輿に乗って移っている。このお産を指揮する奉行には梶原平三景時が就くべきことが、頼朝から命じられた。

八月十一日、お産の迫った様子を知って、頼朝は比企谷の邸に移る。御家人達が群集してきた。お産の近いことを聞いて、在国の御家人はこのころ多数鎌倉に来ていたという。伊豆山、箱根をはじめとして、下総香取社、上総一宮など関東の主要神社に奉幣使が立てられた。八月十二日政子は頼家を出産した。祈禱のための修験者は専光房良暹、大法師観修、鳴弦役（お産の時に破魔弓をならす）は師岡重経、大庭景義、多々良貞義、引目役（破邪・降魔の力をもつとされた引目という鏑矢を射る役）は上総権介平広常がそれぞれつとめ、若君の御乳付として河越重頼の妻（比企尼の娘）が召され参上している。また十三日には「代々の佳例」に従って、御家人に命じて護刀を召している。嫡男誕生時に、家臣達がお祝いの刀を進上するのである。刀を進上したのは宇都宮朝綱、畠山重忠、土屋義晴、和田義盛、梶原景時、横山時兼であった。御家人から馬が献上されたが、それは二百余疋に及び、これらの馬は鶴岡宮や相模一宮などの諸社に奉納された。五夜、七夜、九夜の祝いも御家人が準備してとり行われた。

頼家出産時の様子を右のように辿ってくると、政子の出産が頼朝以下御家人たちに待ち望まれ、期待され、見守られて行われたことがわかる。また「代々の佳例」に従って護刀が召されたことに示されるように、出産をめぐる諸行為は、武門の棟梁の家の先例に従って行われた儀式でもあったことがわかった。武門の棟梁の嫡子出産の儀式にならい、御家人参加のもとにとり行われた出産であったことが知られる。

これ以前に、大姫が生まれているのであるが、大姫出産に関する記述はなく、姫君の居所を頼朝邸の傍に建てることが養和元年（一一八一）五月二十三日条に見えるのみである。しかも頼家出産時には、頼家という男子が生まれることが、あらかじめわかっていたような大々的な奉幣使の遣しかたである。そのものものしさは『吾妻鏡』が後年の編纂にかかるという、つまり結果を知った上での記述であることによるのであろう。それとともに、頼朝のこのころの立場、すなわち鎌倉に落ちついて二年、平清盛の死を聞き、関東の覇者としての地位を固めつつあった時期であったことに、理由はあっただろう。頼朝のもとに参集する武士たちをあげて、源家の嫡男の誕生を祝い、関東の主要神社をその守護神として巻き込んでいく儀式として、御台所の出産は華々しく祝われたのである。

亀の前事件

頼朝の御台所としての政子の権限を最もよく示す事例として、亀の前事件がある。政子が頼家を生む二ヵ月ほど前に、頼朝は寵愛する妾亀の前を、小中太光家の小窪の宅に招き入れた。亀の前は良橋太郎入道の息女で、頼朝が伊豆にいた時から昵近な間柄であり、一年前から「密通」していた人であった。政子が頼家を連れて産所から営中（頼朝邸）に帰ったあと、頼朝の亀の前との密通が露顕、このころ亀の前は伏見広綱の飯嶋の家に住んでいたが、政子は大いに憤り、このことを知らせた北条時政の妻牧の方の一族である牧宗親に命じて、伏見広綱の家を破却させた。広綱は亀の前を伴い、希有の脱出をなし、大多和義久の鐙摺の宅に逃げたという。この破却があって後も、亀の前は再び小中太光家の宅に置かれ、彼女自身は御台所の気色を恐れたが、頼朝の寵愛はますます盛んになった。

ところでこの事件は、さまざまな点で御家人に波及する。政子に命じられて伏見広綱の家を破却した牧宗親は、二日後に、遊興に事寄せて大多和義久宅を訪れた頼朝に召し出され、頼朝自ら牧宗親の髻を切るという恥辱を与えられる。頼朝のいい分は「御台所を重んずるのは神妙であるが、その命に従うといっても、このような事は内々頼朝に告げるべきである。そうしないで忽ち広綱の宅を破却したのは甚だ奇怪である」というものであった。宗親は泣く泣く逃亡した。この頼朝の言動からは、御台所の命に御家人が従うのは当然とみる姿勢が察知できる。政子が宗親に命じて御家人伏見氏の家を破却させ恥辱を与えた行為は、一般的には頼朝にも承認される権限であったといえる。頼朝は、亀の前との個人的関係から、先に自分に知らせるべき問題であるとしたのである。

ところが頼朝が牧宗親に恥辱を与えたことは、北条時政の態度を硬化させる原因となった。政子の父時政は、牧の方を妻としていたからである。牧宗親への恥辱は妻の一族に対する恥辱、ひいては北条時政とその一族に対する恥辱ととらえられたのであろう。ここには、鎌倉武士階級の、血縁親族だけでなく姻族としてのつながりの強さが表明されていると考える。時政はにわかに伊豆に進発した。鎌倉を去って下国したということは、頼朝への臣従を拒否したことになる。頼朝は梶原景季（かげすえ）を北条義時のもとにつかわし、父時政に同調しないことを確かめさせている。亀の前のことに関して頼朝が宗親に恥をかかせた事は、北条氏との懸隔という重事を引き起したのである。

こののち、伏見広綱は遠江国に配流される。亀の前を住まわせ、宗親に家を破却された御家人である。その理由を『吾妻鏡』は「これ御台所の御憤りによって也」と説明している。配流を命じたのは頼朝であろう。しかし配流を迫ったのは政子の怒りであったと思われる。亀の前自身を害することはなかったが、頼朝の亀の前への寵愛が続いている以上、広綱を処罰することでしか、牧宗親に対する頼朝の処置の不公正さも、政子の憤りも、解決することはできなかったのであろう。以上述べてきたことから、亀の前事件によって牧宗親が頼朝から恥辱を被り、そのことで北条時政が下国し、伏見広綱が配流されるという、御家人層への動揺の波が生じたことがわかった。またこの事件を通じて、御台所が御家人宅の破却を命じる権限（検断権）を持っていたことが明瞭になった。この権限は頼朝も一般的には承認している権限なのである。

広綱宅の破却を、政子の嫉妬によると見る意見が多い。嫉妬によるのなら、亀の前自身を追放してもよさそうなものであるが、政子はそうしていない。伏見広綱の宅を破却させ、ついには広綱を流罪に持ち込んだのであった。とすれば、御台所の意志を軽んずる臣下に対する怒りとそれに対する御台所の処罰権、検断権が、この事件から汲み取れるというべきであろう。御台所を武門の棟梁の正室として尊重しない御家人は、棟梁の御家人とはみなさないという、政子の気迫が感じられる。また政子の処置が実現されているということは、鎌倉期の御家人社会で、政子の怒りは当然であり、御家人に対しても検断権を御台所が持つことは承認されるという考えが、広く存在したことになると思う。

志水義高の誅殺

政子が怒った場面がもう一つある。それは堀藤次親家の郎従（武士の従者、主君とは血縁関係がないが、侍身分として扱われた）が、入間河原で、大姫の許嫁である志水義高（木曽義仲の息）を誅したことを知ったときである。政子が怒り、その結果頼朝は堀親家の郎従を斬罪に処すことになった。志水義高を誅したのは頼朝の命による。大姫は義高の死を漏れ聞いていらい、歎きのあまり水分を断ち、日々憔悴してきたので、周りの者も驚き歎いた。なかでも政子は大姫の実母であるから、その心中を察して大そう残念に思ったことであろう。大姫への同情は、誅殺を命じた頼朝への怒りとなってあらわれた。「御台所強ち憤り申し給うの間、武衛（頼朝）遁逃す能わず、還りて以って斬罪に処せらると云々」と『吾妻鏡』は記している。政子の憤りがあまりにも強いため、頼朝は誅した当人である親家の郎従を斬罪に処すことになったのである。頼朝は自らの先の命に反する命令を出すことになったわけである。

この事件でもう一つ注目したいのは、政子が怒った時に用いた論理である。政子は「縦い仰せを奉るといえども、内々子細を姫公御方に啓せざるやの由」大いに怒ったという。頼朝の命で義高を誅殺したとしても、義高の許嫁である大姫ひいては政子に、どうして内々この事を知らせなかったのか、というのである。これは、先の亀の前事件で、頼朝がどうして内々自分に知らせなかったのかとして牧宗親に恥を与えたのと、同じ論理を使っていることがわかる。頼朝に内々知らせるべき問題は、御台所にも内々知らせるべきだ、というのが政子の主張である。これに納得したために、頼朝は親家の郎従を処罰したのであろう。

政子が想定する御台所像は、棟梁が全権を握り、無力な御台所がそのかたわらに寄り添う、というものではなかった。頼朝に知らせるべきことは、御台所にも知る権利がある、というものであった。御家人に対し住屋破却命令が出せるという検断権の掌握とならんで、内々の指示を与える権限をも、政子は主張したのである。

文治元年以後、政子は頼朝とともに、正月には栗浜明神に参詣、二月には源頼朝が父義朝の冥福を祈って創建した南御堂（勝長寿院）の事始に渡御（出席）、十月、御堂供養導師本覚院公顕が鎌倉に下向したのに対面している。御堂の供養には堂の左右に仮屋を構え、左方に頼朝、右方に御台所と一条能保の妻などが座して聴聞している。このとき、北条氏の妻をはじめ然るべき御家人の妻が聴聞したことに見られるように、公的行事特に寺社造営などには、御台所が頼朝と並んで列席するのが普通であり、それは御家人の家から妻も出席したのと同様の基盤から出ていたことであることがわかる。聴聞など寺社への参詣に際しては、家長と妻室の双方が出席することが、武士階級のならいであったのである。

このように公的行事特に神社や寺院への参詣は、頼朝と御台所の二人が出かけ、ついでに主だった御家人の家に立ち寄るなどして、主従関係の絆をより強めておくことが、以後二人の手でなされているのに注目しておこう。例えば文治二年正月二日、二人は甘縄明神に参り、帰路安達盛長宅に立ち寄っている。

静と政子

文治二年（一一八六）四月八日、頼朝と政子は鶴岡宮に参り、そのついでに当時鎌倉に連行されて尋問されていた静を召し出して、舞曲を鑑賞しようとした。このころ静の夫源義経は、頼朝に追われて吉野、ついで多武峰から行方をくらましていた。政子は、静の帰洛も近いことだから、その芸を見ないのは無念であるとすすめ、それが頼朝を動かしたのである。

静は座に臨んでもなお固辞したが、再三の命に抗しきれず、〽よし野山　みねのしら雪ふみ分て　いりにし人のあとそこひしき　〽しつやしつ　しつのをたまきくり返し　昔を今になすよしもかな　の歌を歌った。これに対し頼朝は「八幡宮宝前に於いて芸を施す時、尤も関東万歳を祝うべきの処、聞(きこ)し食(め)す所を憚らず、反逆の義経を慕い、別の曲歌を歌う、奇怪」と不快感をあらわにした。

御台所政子は「君流人として豆州に坐し給うの比(ころ)、吾に於て芳契ありといえども、北条殿時宜(じぎ)を怖れ、潜かに引籠めらる、而れどもなお君に和順し、暗夜に迷い深雨を凌ぎ君の所に到る、また石橋戦場に出で給うの時、独り伊豆山に残留し、君の存亡を知らず、日夜魂を消す、その愁を論ずれば、今の静の心の如し、予州（義経）多年の好を忘れ、恋慕せざるは、貞女の姿に非ず」とのべて、静の義経への恋慕を肯定したのである。その中で、自分が父の反対を押し切って頼朝のもとへ居所を移したこと、伊豆山に残って頼朝の安否を気づかったことを引き合いに出した。この部分は、政子の気持が伝わる数少ない場面である。静が舞を固辞し、それをはじめると義経を恋う歌、頼朝義経の不仲を昔の状態にもどすことを願う歌を歌うという勇気に感心するが、それを肯定し、頼朝に反論した政子の態度も立派であるといえよう。

またここで、政子は静の姿を「貞女」と表現していることが注目される。別れ別れになっても、義経との契りを忘れず、恋い慕う姿を「貞女」と表現したのである。貞女というと、後世、特に江戸時代に流布した貞女を思い起す。これは夫の死後再婚せず後家として後半生を過ごすのを貞女といったものである。もちろんこのような貞女も鎌倉期に存在したが、政子はそうではなく、別れ別れになった夫への恋慕の情をあらわにする姿を貞女とみたのであった。江戸時代に一般的であった三従の貞女（再婚せず後家を通す貞女）とは意味の異なる貞女観が、鎌倉期に存在したことを注目したい。

この年閏七月、静は男子を産んだ。義経の子である。頼朝は「今は襁褓の内にあるといっても、どうして将来怖畏しなくてよい存在であるという保証があろうか、未熟の間に命を断つのがよい」と決め、赤子を取り上げた。静は抵抗したが、母である磯禅師が頼朝を恐れて差し出した。これを知って政子は歎き、頼朝に取りなしたが、このたびは成功しなかった。

この義経の子息についても、政子と頼朝の意見の違いが明瞭に読み取れる。頼朝は謀叛人の子とみており、政治的な見方が優先しているのに対し、御台所政子は「貞女」静の子であることを重視している。この子が、父親と同じく頼朝にとって謀叛人になるのかどうかは、不明であるはずである。現に義経の兄阿野法橋全成は、箱根合戦のころから頼朝と行動をともにし、政子の妹阿波局を妻とするなど、頼朝の信頼を得ていた。のち阿野全成もまたついには謀叛の疑いをかけられ、常陸国に配流されることになるが、頼朝が政治一辺倒の見方を通しているのに対し、政子は親族や姻族のつながりを大切にする態度、より人間的な物の見方を、身につけていたように思えてならない。

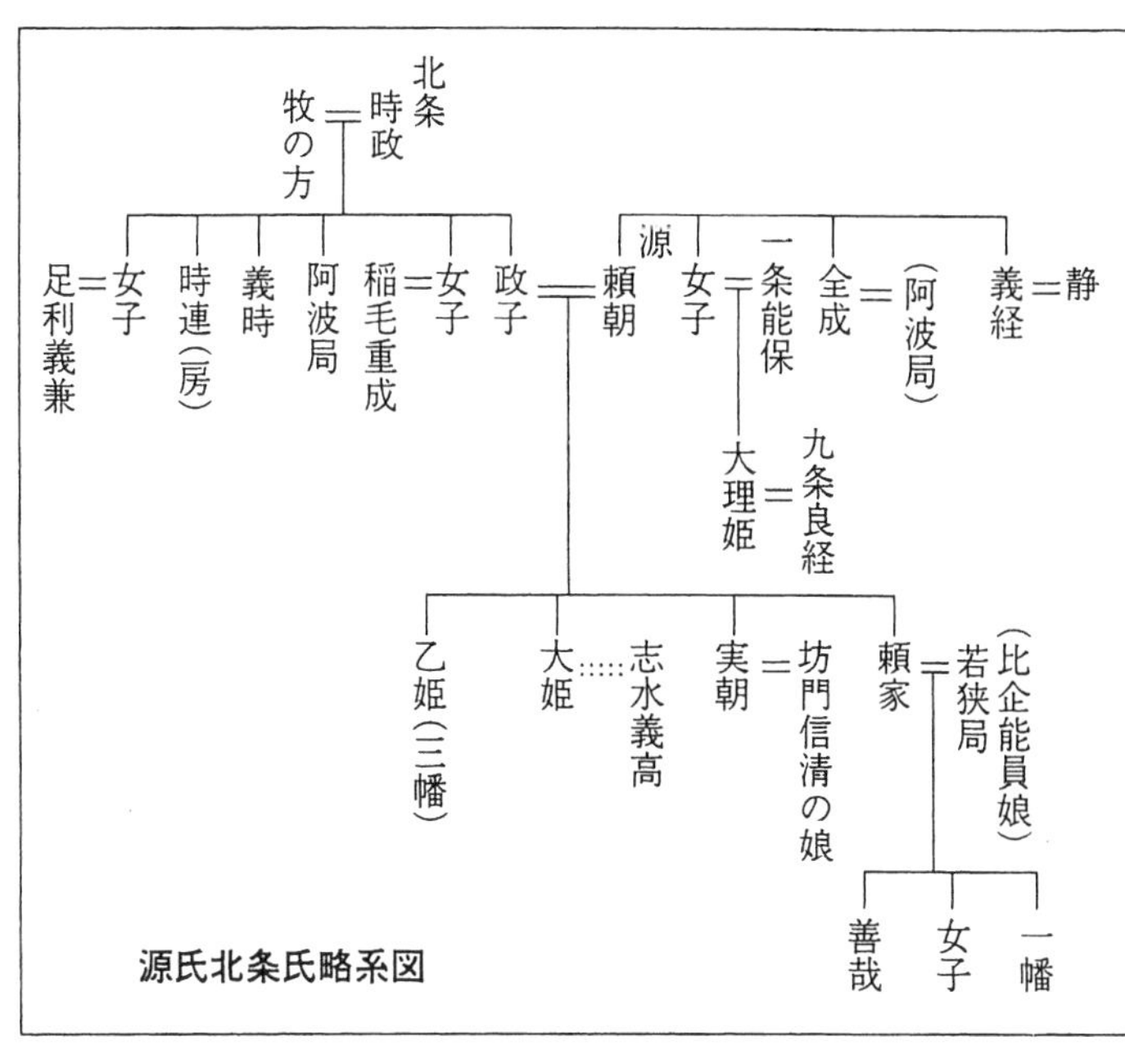

源氏北条氏略系図

人のつながりを大切にする政子

政子が親族や姻族のつながりを大切にした様子は、猶子（養子の一種、相続を目的としない）を多数取ったことにもうかがえる。源平合戦のおわりのころ、頼朝・政子は、木曽義仲の妹宮菊を猶子にしていた。宮菊が京にいる間に、関東では、その威を借りて不知行の所々をこの姫君に寄付したり、その使節と称して権門勢家のもつ荘園や公領を押領する輩が出現した。これらの輩の乱暴を止めさせ、同調して悪事を働く者を捕えるように御家人に命が下され、宮菊も関東に来るようにと諫められる、ということがあった。こうして鎌倉へやってきた宮菊に対し、政子は殊にあわれみ、本人も全く子細を知らないことと陳謝したので、「指したる雑念なき」女性であったことが明らかになり、頼朝は美濃国遠山荘内の一村を所領として与えている。

志水冠者義高の誅殺時の大姫の憔悴ぶりに対する同情、静の舞への同感、静の子の殺害に対する嘆きと取りなし、それに宮菊を猶子としてあわれんだこと、こうした例を見るにつけ、政子は頼朝とは異なり、鎌倉武士階級の社会通念ともいえる、親族や姻族のつながりを大切にし、困った状況にある一族の者には温い手を差し延べる常識を持った人物であったといえる。

鎌倉武士が一族のつながりを尊重したことは、鎌倉幕府法にもあらわれている。文暦二年（一二三五）閏六月二十一日の評定で決められた法に、次のようなものがある。

一　評定の時、退座すべき分限の事

祖父母・父母・養父母・子孫・養子孫・兄弟・姉妹・聟（姉妹孫の聟これに同じ）・舅・相舅・伯叔父・甥姪・従父兄弟・小舅・夫（妻訴訟の時これを退くべし）・烏帽子々

これは「退座規定」と呼ばれる一条で、訴訟審理の場から退座していなければならない範囲を示す法令である。つまり訴訟当事者と裁判官との間に血縁関係や婚姻関係があれば、正しい審理はできないから、右の範囲の者は裁判官にはなれないことを規定したものである。

この退座規定で注目されるのは、この中に、祖父母、父母、子孫、甥姪などの血縁関係だけでなく、聟・舅・相舅（夫婦それぞれの両親間の関係）・小舅・夫などの婚姻関係、さらには烏帽子子（有力者を烏帽子親とたのんでその人から烏帽子を元服時に授けられた人）、養父母、養子孫という、擬制的親子関係までが含まれていることである。鎌倉武士階級は、単に血縁親族が結びつくというつながりの中でだけ生きていたのではない。姻族も養子も烏帽子子も同じく尊重し、互いに助け合う協力関係を形づくっていたことが、この法令から知られる。

血族、姻族、擬制的親子関係という当時の社会的結合の範囲を示す退座規定で、もう一つ注目されるのは、この中に女性を示す語が数多く含まれている点である。父といわず父母と述べ、兄弟に並んで姉妹を置いている。甥と姪も並んでいる。実際に女性の裁判官として幕府の中で名を残した人物を私は知らないが、地頭として在地裁判権を行使した女性は存在する。しかしそれはごく少数である。とすると、裁判官として排除しなければならない範囲を定める時、評定に集まった人々の頭の中からは、現実の裁判官の男女構成や比率は消えてしまい、血族や姻族の実態が頭を占めたはずである。そのために、当時の武士階級の血縁・非血縁双方の親族としての範囲が、無意識のうちにここに反映されたものと考える。したがって当時の親族結合の実態の中では、女性は男性と並んで対等にその座を占めていたといえるのである。

血縁・非血縁を含めた親族の強い連帯意識の中で鎌倉武士は生きていたことを考えれば、政子が志水義高の死と大姫の憔悴に憤り、静の子の殺害を歎いた理由、猶子とした宮菊をあわれんだ理由は、解けるのである。静とその母磯禅師が京に帰ることになった時、傷心の静母子を見送り、静をあわれんで多くの重宝を与えたのは、政子と大姫であった。

政子の人間性

政子が手を差し延べた範囲は、大そう広いことに気付く。頼朝が密通した藤時長の娘が若君を生んだ。御台所は事が露顕した時、大そう嫌がったが、若君を長門江太景国が扶持（保護）して育てることを、認めている。ここにも政子と頼朝の違いがあらわれているように思う。頼朝は一族兄弟を政治的判断というより根拠の薄弱な怖れによって誅していったが、政子は頼朝の妾の子を厭いつつも命を断つようなことはしなかったのである。この子が男子であるにもかかわらず、である。

源家一族に関わる者だけでなく、北条一族の者にも政子が心を配っている状況は、北条時連の元服時によくあらわれている。文治五年（一一八九）四月十八日、北条時政の三男時連（房）が十五歳で元服した。元服儀式は幕府で行われ、三浦義連が加冠役（烏帽子親・烏帽子をかぶせる役）となった。この時連を、姉である政子はことにかわいがっており、「将来に至り方人たらしめんと欲すの故」三浦義連を烏帽子親に選んだというのである。方人とは味方を指す用語である。

当時、烏帽子親と烏帽子子は固い結合関係を持つようになるのが普通であった。時には主従関係にまで至ることもある。曽我兄弟の烏帽子親は北条時政であったが、北条氏よりは弱小であった曽我氏とこの関係が結ばれたため、時政はこの二人を従者のごとくみなしたと考えられる。したがってよほど立派な人物を烏帽子親にしておく必要がある。政子は時連をかわいがっていた。だからこそ大豪族であり、かつて上総権介平広常と岡崎義実の争論を無為に終らせた三浦義連の手腕を買って、この人と見込んで、烏帽子親に決めさせたのである。ここにも、御家人の人物評価を御台所が常日頃よりなしていたこと、また一族の者への配慮がうかがえるのである。

政子は、北条時政の娘で稲毛重成の妻となっていた人（姉妹にあたる）が亡くなった時、喪に服し、この人のための仏事を修している。政子の姉妹であるとはいえ、わざわざ仏事を修している点に、親族のつながりを大切にする政子の姿勢が表現されていると考える。この女性の子供をその後政子は何かと気遣い面倒を見ることになる。

奥州合戦とその後

文治五年（一一八九）八月、頼朝は奥州合戦に軍を率いてのぞんだ。藤原泰衡を討伐するという目的にとどまらず、全奥州を頼朝の支配下に繰り込む目的が、この合戦の背後にはあった。政子は鎌倉に居て留守を守っていた。政子は幕府女房数人に鶴岡百度詣をさせている。頼朝の奥州討伐の戦勝を祈るためである。ここで再び、伊豆山での源平合戦時の夫と妻の役割分担が、再現されていることが知られる。頼朝が奥州平定を終えて鎌倉に帰ったあと、政子は鶴岡、甘縄に参詣し、礼を述べている。御台所の役割が、夫留守中の諸事の執行、特に戦勝祈願を込めて神仏を祭ることにあったことが確認できる。

奥州合戦のような非常時は別として、文治二年（一一八六）から正治元年（一一九九）の頼朝の死までの時期は、政子にとって安定した日々が続いた。「幕下（ばくか）」あるいは「二位家（にいけ）」と呼ばれた夫頼朝とともに、政子は御台所として、鶴岡や南御堂・永福寺などに臨み、あるいは一人で伊豆箱根両権現に奉幣し、御家人の家に立ち寄り、頼朝の姪大理姫の九条良経との婚姻の準備をしたりする場面に顔を見せてくれる。頼朝の妾の存在が露顕し、その子が出生したりすることには、いやな思いもし、嫉妬もしたが、そのような場面においても、御家人の側では御台所を正室として尊重する態度に変化はみられなかった。このことは、武家女性一般に普通の、親族からその外側へとひろがる結びつきを大切にする政子の姿勢、それに御台所として御家人を統率し検断権まで握っているという自負が、御家人層や幕府に仕える女房衆を納得させる力を持っていたことを示していよう。

建久三年（一一九二）七月、源頼朝は征夷大将軍に任ぜられ、政子は八月九日、二男実朝を生んでいる。

嫡男頼家、鹿を射る

御台所時代の政子の姿が鮮明に浮かび上る最後の事例として、建久四年（一一九三）の富士野の狩のことがある。この五月八日、頼朝は歴々の御家人を率いて富士野へ夏狩を見物しに出かけた。十六日、その狩において十一歳の頼家ははじめて鹿を射たのである。将軍家の「家督」が武芸を施せたことは、愛甲三郎季隆（すえたか）が近くで追い合せ、射やすくしてやったこととはいえ、殊勝なでき事であった。頼朝は喜び、山神に感謝する山神矢口祭（やまがみやぐちさい）を行い、梶原景高を鎌倉に遣し、政子に報告させたのである。

ところが政子は特に感心しなかった。「武将の嫡嗣として、原野の鹿鳥を獲る、強ち希有とするに足らず、楚忽の専使、頗る其煩あるか」というのが政子の意見であった。

頼家が鹿を射たことは、頼朝にとって嫡子が武将としての名誉をあわせ持つものであることを、並み居る御家人の前で証明できたわけであり、その意義は大きかった。頼家が鹿を射るとただちに狩を止め、その場所で山神矢口祭を行なって三色の餅を献じたのは、嫡子に対する神の加護を願ったものであろう。頼家が嫡子として御家人たちに公認され、神の加護を受けることが期待されたこの場面に対する歴史家の評価は、頼朝の見識を高く評価し、政子が特に喜ばなかった事に対し、政治的見識の低さをあらわすものとするのが一般的である。

しかし私は政子と頼朝の見解の差は、両者の何を最重要視するかのちがいに基づいていると考える。頼朝は、幕府が開かれた翌年のこの年、「家督」を御家人にも神にも承認してもらうことをはじめから目的として狩を行なったと考える。しかし政子にとって武家の嫡子として頼家はすでに既定の存在であり、その嫡子が鹿や鳥を射るくらいは、普通の能力であると判断された。つまり政子は頼家を、まず東国武士階級の家の嫡子一般のレベルでとらえていることがわかる。将軍家の一員としての認識よりも、東国武士の家の妻としての認識が基底にあったのである。頼朝が政治的判断を優先させる、まさに政治家であったことを、これまでいくつかの事例を挙げて述べてきたが、政子はまた東国武士階級の妻の常識と良識を豊かに持ち、またそれを基本とする生活態度を貫いていた女性であったという二人の性格の違いが、ここでもっとも鮮明にあらわれたといえよう。

建久六年（一一九五）二月十四日、頼朝の一家（頼朝、政子、大姫、頼家、実朝、乙姫）は東大寺の供養に結縁（けちえん）するため上洛した。畠山氏、和田氏など多くの御家人が供奉（ぐぶ）している。上洛の目的は、供養に参るためだけでなく、参内したり、丹後局と会見したり、吉田経房（つねふさ）や九条兼実（かねざね）などの学識豊かな公卿と会って京都の情勢を知るためであった。これが政子にとって、頼朝や子供たちと一緒に出かけた最初で最後の旅となった。

二　後家の働き

頼朝と乙姫の死

源頼朝は正治元年（一一九九）一月に亡くなり、以後政子は「尼御台所（あまみだいどころ）」と呼ばれるようになる。頼朝死去の場面は、なぜか『吾妻鏡』に記載されていない。この年の記事は正月が欠で十七歳の頼家が左中将になった二月六日の記事から始まっている。藤原定家の日記である『明月記』によれば頼朝は正月十一日に出家し、十三日に入滅したという。死因は病気であったようである。この知らせは飛脚によって院までもたらされた。院からも御使が下され、頼朝の死は「朝家の大事」と認識されている。朝廷ではあわてて時ならぬ除目（じもく）（任官儀式）を行い、頼家を中将に任じたのである。

この年のはじめには不幸が続いた。頼朝の死に続いて、六月三十日、乙姫（三幡）が病のため亡くなっている。政子の歎きはまた深まった。乙姫の乳母夫である中原親能は乙姫の死を眼前にして、出家を遂げている。

頼家時代のはじまり

しかし「尼御台所」となった政子は、悲しみにひたっている暇はなかった。関東（幕府）を背負って立つ頼家は、頼朝時代と異なる政治を実施しはじめたばかりでなく、女性問題でも政子を心配させる事件を起こしたからである。頼家は後藤基清から、罪科と称して讃岐国守護職を没収し、近藤七国平に与えた。また伊勢大神宮領六ヵ所の地頭職を停止した。さらに問注所を幕府以外の所に新造している。これらの中には、問注所新造など頼朝時代の懸案を引き継いだ面もあるが、頼朝時代の方針とは別路線を歩みはじめたとの思いを、周囲に印象づけることになった。

安達景盛が室重広の横暴を糾弾するために使節として三河国に下ったすきに、頼家は安達景盛の妾（京下りの女性）を召し、寵愛するという事件をおこした。さらにはこの女性を北向御所（一名石壺）に入れ、ここには小笠原弥太郎長経、比企三郎ら五人の頼家側近以外は参るべからずという命まで出した。頼家は八月十五日の鶴岡八幡宮の放生会（魚や鳥を放し善根を施す仏教儀式）にも参宮していない。

十八日、安達景盛が三河国から帰国。十九日、頼家は景盛を誅してしまおうと、小笠原、和田らの軍士を石壺に集めたので、小笠原は旗を揚げて安達藤九郎入道蓮西（盛長、景盛の父）の甘縄宅へ赴いた。合戦がはじまる気配が濃厚になったのである。鎌倉中の武士は騒然となった。この時政子は急ぎ安達蓮西宅に渡御し、頼家を戒めている。

「頼朝が亡くなってからまだ幾程もたっていない。乙姫も又早世して、悲歎は一つにとどまらないのに、今闘戦を好まれるのはこれこそ乱世の源である。なかんずく景盛は将軍家を支えてきた者で、頼朝も殊にかわいがっておられた。罪科をお聞きになったならば、私が早速尋問し成敗もしよう。であるのに事情を問いもせず誅戮を加えたならば、きっと後悔をお招きになるだろう。それでもなお追討されるというのなら、私が先ずその箭に当ろう。」

こう政子が述べたため、頼家はしぶしぶ軍兵の発向を止めた。鎌倉中が揺れた一日であった。翌八月二十日、政子は蓮西入道（盛長）宅に引き続き逗留し、景盛を召して「昨日は計議を加えて一たんは頼家の横暴を止めさせたが、私も已に老耄の身である、後々の宿意を抑え難い、よってあなたが野心のない旨を起請文にして頼家に献じなさい」と述べ、起請文を景盛に書かせてから、それを持ち帰って頼家に与え、そのついでに再び頼家をこう戒めた。

「昨日景盛を誅されんとしたのは、楚忽の至りであり不義も甚だしい。およそこのころの形勢を見るに、海内（国内）の守りは充分ではない。政道に倦み、民の愁いを知らず、倡楼（あそびめの家）に娯しみ、人の謗を顧みないためである。又、召し使う者も賢哲の輩ではなく、多くは邪佞（じゃねい）の属である。源氏は頼朝の一族、北条は私の親戚である。よって頼朝は（彼らに）しきりに芳情を施され、常に座右に招かれた。けれども今は彼の輩等には優賞なく、剰（あまつさ）え実名を呼ばれているので、各々は恨みを貽（のこ）（残）しているとの噂を聞く。所詮準備さえおこたらずば、末代の今といえども濫吹は起らないだろう。」

政子の訓戒

政子は頼家が景盛の妾を取り上げ、あまつさえ景盛を誅しようとしたことで、自ら盛長宅に出向いて乱を未然に防いだばかりでなく、頼家に対してさまざまな側面にわたり訓誡をすることになった。誡めの第一点は、頼家の訴訟裁決に対する姿勢に対してである。よく尋問し、相手の意を糺（ただ）してから成敗すべきだという点を強調した。頼朝恩顧の御家人は自分が先に尋問し成敗するともいっている。かつての将軍家御台所にとって、かつての将軍家の御家人は、自分の御家人でもある、と政子はいいたかったのだと思う。御台所は将軍とならび、御家人にとっては主君であった。後家になってもそうであると自負していたのである。よって正当な裁判もせず追討するというのなら、自分が御家人のかわりに主君としてその箭（や）に当ろうというのである。関東御家人の主君としての御台所が、後家となっても、同様の主君として御家人支配権を握っている、いや後家であるからこそ、頼朝の御家人を自分が庇護し、掌握もしているのだという自信がみえる。後家として、将軍家後継者に御家人を裁決する場合の基本姿勢を教えたと考えられる。

訓戒の第二の点は、頼家の政治姿勢についてである。民衆の愁いを聞かず、他人の妾を自分のものにすることにうつつをぬかし、臣下の謗（そしり）も顧みないという誤りを犯している事を、正させようとする点にあった。具体的には「賢哲の輩」とはいえない側近を重用し、源氏、北条氏を斥けるという人事面での誤りを非難したのである。そして日ごろより正しい政道を行うことが、乱を避ける最もよい方途であると戒めたのである。この部分は政子の政治姿勢が最もよくあらわれたところといえる。『貞（じょう）観政要（がんせいよう）』（唐の太宗が臣下とかわした政治上の議論を編纂した政治規範の書）を読んでいたという政子が、どのような政治を理想と考えていたのかがよくわかる。政子の理想政治とは、民の愁いを知り、人の謗（そし）りを顧みる、つまり他の意見を多く用いる政治であったのである。これは、側近中心の、少数の者による政治形態を用いた頼家とは、異なる道であったことは明白である。

頼家の親裁停止と政子の権限

政子が厳しく頼家の政治を非難したのには、幕府がすでにこの年の四月、訴訟における頼家の親裁（自らを中心とする限られた者だけの政治）を停止させることを決定していたことにも理由があった。先述のように頼家には少数の側近を用いての、故頼朝の時代とは異なる独自路線を歩もうとする姿勢がみられた。これは頼朝以来の重臣を重用しない方向でもあった。そのため、正治元年（一一九九）四月十二日、今度は頼家の親裁停止が決定される。大小の事は北条時政、義時、大江広元、三善善信、中原親能、三浦義澄、八田知家、和田義盛、比企能員（よしかず）、安達盛長、足立遠元（とおもと）、梶原景時、二階堂行政の十三名の談合で訴訟を裁決することが定められ、頼家は政治の中心からはずされたのである。

頼家の親裁が停止させられ、十三人の重臣の合議により事が決定される体制になれば、十三人の意見が区々（まちまち）の時、政子の判断を仰ぐということは、自然になされたのではないだろうか。形の上では頼家が頼朝嫡子として源家の棟梁ではあったが、その生母政子の意志が重視される形で、政道は進められたと考えられる。ただし親裁停止といっても、重臣たちの合議で決定された事項は頼家に上申（じょうしん）され、その命を仰ぎ下知するという形式は守っている。頼家が全く政治から排除されたわけではない。重臣合議制の上に乗った、形だけの頼家の政治が運営されるようになった。その背後では、政子に判断を仰ぐという場合もあったであろうことが推測されるのである。したがってこの政治方式が軌道に乗ると、政子は頼朝の仏事を修する場面や、十六羅漢像を画かせたり、聴聞したりする場面でしか、登場しなくなる。頼家と行動を共にすることも多くなり、永福寺多宝塔供養に揃って結縁し、また頼家邸で鞠会（きくえ）（蹴鞠（けまり）の会）を見物したりしている。重臣合議制の上に乗った頼家政治がしばらくは持続していた。

尼御台所としての政子は、政治の第一線から退いてはいたが、御家人に命じて政子独自の命を執行させる権限をなお持っていたようである。それは舞女（まいおんな）微妙（びみょう）の出家に関する政子の沙汰にあらわれている。微妙の芸が「抜群」であるばかりでなく、父を恋う志に感じ入った政子は、その父の存亡を尋ねさせるため使者を奥州に遣し、自邸に滞留させるなど、何かと世話を焼いていた。ところが微妙の父はすでに死亡したとの知らせが来たため、微妙は禅僧栄西のもとで出家、政子は居所まで与えている。

微妙には日ごろ通っていた古郡保忠という人がいたが、保忠は微妙の急な出家に憤り、栄西の門弟の従僧を打擲するという事が起った。この事件に対し、政子は「僧徒の法として、人々を善に帰すのは本意であるから、すぐに除髪授戒させたのであろう、であるのに理不尽な所行をなすのは奇怪である」と、和田義盛、結城（小山）朝光を仲介して述べている。このことは、一般行政は重臣と頼家が執行しているが、寺院向のことは、後家として公的に仏事を修する関係から、政子が執行していたことを示唆する。そうした寺院関係の事項を裁許する場合、頼家と同様、重臣たちを介在させながら、執行していたことも判明する。このように後家尼となった政子は、頼家時代、時にあたって重事の裁決に携わり、ふだんは寺院関係の裁決権、執行権を握っていたと考えられる。

追討軍の派遣

建仁二年（一二〇二）七月に征夷大将軍に任じられた頼家は、翌三年三月ごろから病にかかり、それでも一日置きに蹴鞠を行うという熱の入れようであったが、六月には伊豆に赴いた。八月、頼家は病が危急に入ったため、関西三十八ヵ国地頭職を弟千幡（実朝、十一歳）に、関東二十八ヵ国地頭并びに惣守護職を長子一幡（七歳）に譲る。

ところが外戚比企能員はこの配分に不満を持ち、頼家と談合、北条時政追討の許可を取り付けた。

けれどこのことを障子を隔てて聞いた政子は、女房をもって時政に知らせる。時政は一計を廻(めぐら)し、比企能員を邸に呼び誅したのである。比企氏ではその知らせを従者から聞き、一幡の館(やかた)（小御所(こごしょ)）に一族郎等が引き籠った。この謀叛に対し追討命令を出したのは、尼御台所である。北条義時、小山朝政、結城朝光ら追討のための軍兵を差し遣わしたのは、政子であった。一幡はこの軍(いくさ)で死去している。追討軍の派遣は、尼御台所の命で行われたことが重要である。重事を裁定したのは、明白に尼御台所政子であったのである。

比企能員の乱後、頼家は落飾(らくしょく)（髪をそって仏門に入ること）する。このことも「家門を治め給う事、始終尤も危き故」政子が「計らい仰せ」られたので、急な落飾となったのである。源家の棟梁としての器量に欠け、危くて見ていられないというのが、政子の感想なのであった。このように、頼家執政期は二期に分けられ、親裁期には側近を用いての独自路線のきざしが見えたが、親裁停止以後は重臣層の合議体制の上に乗った飾り物の将軍という姿が濃くなったことがわかった。後者の段階には、重事の決定には政子の判断が仰がれ、また寺院に関する事項は尼御台所の手に握られていたことが明白になった。

政子が重事を裁定し、重臣層を通じてそれを執行し、軍を動かすという強力な権限を握ることができたのは、前将軍の後家であるという、後家としての位置に基づいている。これは、一般に武士階級の家において、夫の死後、妻が後家として最高決定権を握る姿が、将軍家においても見られたということである。ただし将軍家の場合、頼家が嗣子として将軍に立ったにもかかわらず、政子の後家としての権限が重んぜられたのは、頼家の政治路線が御家人層特に重臣層にとり、とうてい受け容れられるものではなかったためであったと考える。

実朝将軍となる

源実朝（幼名千幡）が将軍職に就いたのは、建仁三年（一二〇三）九月のことである。実朝はわずか十二歳であった。征夷大将軍に任ぜられた後、十月に元服している。十二歳の将軍にかわり、実質的に政務を担当したのは、執権北条時政である。また政子は実朝とともに大江広元邸に渡御したりしていることからみて、若い将軍の後見役という立場にあったと考えられる。

翌元久元年（一二〇四）十二月二十二日、実朝の正室に祗候する（仕える）男女数人が地頭職を拝領している。実朝は元久元年七月に、北条時政や大江広元などに支えられてはじめて政道を聴断しており、ついで十月には坊門信清の娘を京から御台所に迎えていた。新しい将軍家が形成され、新しい御台所に男女の御家人が仕えるという、新将軍家の始動を示す史料である。

尼御台所の御計い

ところが、元久二年六月におこった畠山重忠の乱に関して、興味深い記事が『吾妻鏡』にあることに気付く。畠山重忠父子が謀叛の疑をかけられ誅されたこの事件のあと、七月八日に畠山重忠余党等の所領が勲功の輩に与えられるが、これは「尼御台所の御計い也」と記されていることが注目される。

右の記載からみれば、戦後の論功行賞は政子が行なったことになる。敗者の所領を没収し、手柄を立てた者にこれを分け与えるのは将軍の仕事であるはずである。恩地給与の権限を政子が握っていることは重要である。『吾妻鏡』は「将軍家御幼稚の間此の如し」とその理由を説明するが、実朝の政務は前年から始まっていたのだから、実朝が勲功の賞を将軍として与えてもよいはずである。にもかかわらず尼御台所が論功行賞を行なったということは、主従制的支配権はこの時期政子のもとにあったとみるのが正しいだろう。

よって、将軍が幼少であるからというのは、単なるいいわけにすぎないことが明白になった。政子が将軍家が存在するにもかかわらず主従制的支配権を握り、恩地を給与できたのには、別の理由があったと考えられる。畠山重忠は頼朝時代以来の重臣であったことに加えて、自らに非がないのに、平賀(ひらが)朝雅(ともまさ)や牧(まき)の方(かた)、北条時政らの謀略にかかって誅されたという、この事件の性格に、その理由はあったと思う。つまり世間の同情は畠山に集まっていたのである。御家人層の動揺をおさえ、難局を乗り切るには、若い将軍の力では収拾し切れなかったであろう。将軍家以上の力を発揮できるのは、頼朝の御台所・将軍生母としての後家すなわち政子の力以外になかったのである。後家の力で乱後の政情を安定させたといえよう。

畠山重忠の謀叛事件は、これにとどまらなかった。牧の方の平賀朝雅将軍擁立の噂が立ったため、政子はその事にも対処せざるをえなかった。政子はただちに実朝を北条義時邸に入れている。義時が執権となり、牧の方の夫時政は出家、朝雅は京で合戦の末、松坂辺まで逃げて誅された。閏七月のことであった。

八月には宇都宮頼綱の謀叛が発覚、一族郎従等を率いて鎌倉に向おうとしているとの風聞があったので、北条義時、大江広元、安達景盛等は政子の邸に集まり、評議をこらしている。この事件は小山朝政、結城朝光の仲介で宇都宮頼綱が陳謝し髻(もとどり)を切って終っている。連続する三謀叛事件の中ではもっとも平和的な解決方法がとられていることがわかる。この宇都宮氏の謀叛事件の場合も、重臣三人が尼御台所邸に集まって評議したことに示されるように、重事は尼御台所の扱いであったのである。六月から八月にかけて謀叛事件があい次ぎ、幕府の危機が招来された。その時舵取りをしたのは政子と重臣たちであり、将軍実朝ではなかったことが明らかになった。

政子の政治意識

政子が重事の決定にあずかっていたため、政子の女房を頼って訴訟を有利に導こうとするものもあらわれた。たとえば越後国三味荘(さみのしょう)(佐未とも)領家雑掌(ざっしょう)(荘園管理にあたる代官)が訴訟のため鎌倉に来て、大倉辺の民家に寄宿していたところ、盗人のため殺害されるという事が起った。和田義盛(侍所別当)が調べ、犯人として三味荘の地頭代を召し取ったところ、地頭代の親類が縁者である女房を頼って内々政子に訴えた。けれど、義盛の沙汰はこれによって変わることはないと、政子ははねつけている。女房は政子への申し次ぎなどを職務としているので、女房を頼って訴訟を有利にしようとすることも、よく行われたらしいことがうかがえる。

それにしても政子は和田義盛に絶対の信頼を置き、その判断を覆す道はないと、ぴしゃりと言っている。このことから、幕府機構を整え、それによる政治の運営を本筋とみる政子の政治意識がわかるのである。また重臣たちへの政子の信頼が厚いものであったこともわかる。頼朝恩顧の御家人達は、政子にこのような態度を取られると、その信頼に一層こたえようと努力するだろうことも推測がつく。後家としての政治家政子の、主君としての性格がよくあらわれている場面である。政子は頼朝恩顧の重臣達に、頼朝時代と変わらぬ信頼を置いていたと思われる。

義時の政治はじまる

しかし和田義盛は建保元年（一二一三）五月、北条義時のなすことは傍若無人だという周囲の意見に押されて謀叛に立上った。この乱中、尼御台所は実朝室とともに営中を去ることになる。将軍御所は合戦のため焼亡する。和田の乱後、和田一族の所領は幕府に没収され、勲功の賞に充てられたが、この配分は義時と大江広元によって執行された。つまり実朝が将軍になった当初は、重事の決定を政子が行なったが、建保の和田の乱後は、執権北条義時と大江広元による執政、特に和田方に義時の傍若無人ぶりが非難されていることからみて、義時の執政が、形だけの将軍を頂きつつ、軌道に乗っていたことがわかる。

実朝時代の執政が、北条義時を中心とする重臣によって実質を担われはじめるにつれて、政子は頼朝の仏事を修したり、寺の供養に出向いたりという生活をするようになる。政治の表面から退いたことがわかる。その中で、稲毛重成の孫娘（北条時政の曽孫にあたる）を猶子としたり、頼家の子善哉の袴着（子供にはじめて袴を着せる儀式、尊長者が親格になって行なった）を行なったり、また落飾（髪をそって仏門に入ること）させたり、頼家の娘を猶子にしたりと、広く親族の者の将来に心を砕き、めんどうをみていることは注目されよう。一族の重鎮としての後家役割を、政子は政治の前面を離れたからこそ、このようによく果たしていたと考えられる。

建保六年（一二一八）二月、政子は上洛した。熊野に参るためであった。稲毛重成の孫娘（十六歳、綾小路師季の娘）は、土御門通行に嫁すために政子に同行している。この間に政子は従三位に叙せられたが、出家した者が叙位することは、道鏡の外例がなく、女叙位は准后（准三后の略、太皇太后・皇太后・皇后に準ずる待遇を受ける者）にはその例があるといわれている。政子はまた院に対面を許されたが「辺鄙（かたいなか）の老尼、龍顔に咫尺するも（院にお目にかかっても）その益なし、然るべからざる」旨を述べて、対面せずに鎌倉に帰っている。実朝がこの時期、大将に任じられることを望んで京に使者まで出しているのに比べ、政子は無欲といえる。実朝には、京都の後鳥羽院と協調体制をとるためにも、官位の上昇は望ましいことであったが、政治の前面を退いた政子には官位はそれほど必要なものではなかった。従三位に任じられて以後、「尼御台所」という呼称は消え、「三品」「禅定三品」そして二位に昇進すると「二位家」「禅定二位家」「二品禅尼」などに呼び名は変わる。政子が三位に昇った時、頼朝の後家として将軍家の重事を取り仕切ってきた姿以上のものを、政子はどうやら獲得したようにみえる。

三　二位家の確立

再び重事を執行

承久元年（一二一九）正月二十七日、実朝は右大臣拝賀のため鶴岡八幡宮に向かった。そこで頼家の遺子公暁に殺されてしまう。政子は、前年従二位（じゅにい）に叙せられていたから、「二位家」と呼ばれているが、ただちに乱後の処理に乗り出し、「今夜中に公暁に味方したものを糾弾すべし」と命じている。再び重事の執行は政子の手に帰したのである。源頼朝の死から実朝の死までの間に、二十年が過ぎていた。しかし重事の執行といっても、非常時の軍事大権を政子が握ったようなかたちであった。与党（よとう）（公暁に味方した人々）の糾弾を命じたのは政子であるが、与（くみ）しなかったことが判明した鶴岡の阿闍梨（あじゃり）重賀（じゅうが）に対しては、北条義時が本坊安堵をなしているからである。

つまり非常時の軍事的権限は関東で最高の位階にある政子が握ったが、重事の執行は義時が行うという、条件つきの大権であったと考えられる。北条義時をはじめとする「宿老御家人（しゅくろうごけにん）」が政治の執行機関としてあり、その上に二位家政子が将軍家として座しているという政治機構が、形成されたと考えられる。六条宮か冷泉宮を関東の将軍として迎えようとした時、二位家政子が京都に使節を送り、宿老御家人たちもまた連署して奏状を捧げたのは、これをよく示している。宿老執行機関の上に立つ将軍家は政子ただ一人であった。将軍の座を狙って立籠った阿野時元を誅伐するよう義時に命じたのも、二位家政子であったことは、ここでも政子の軍事大権掌握を明らかにする。

実朝の死は、実朝を通じて関東と誼を通じていた後鳥羽院を失望させた。一条中将信能が解官されたり、摂津国長江倉橋両荘の地頭職問題が浮上したりと、院と関東（政子）の間は急に多事多難となった。承久元年（一二一九）三月十二日、北条義時、時房、泰時と大江広元は二品（政子）邸に参会し、後鳥羽院からの両荘に関する要求について評議している。この日の記事から、北条氏のこの三人と大江広元が宿老であったこと、宿老と政子の双方による重事の決定により、政道が運営されていたことが知られる。

関東の希望を容れて九条道家の子息頼経（二歳）が将軍家を嗣ぐため関東に下ることが決まった。頼経は女房や乳母につき添われ、多くの随兵を従えて義時邸に入っている。七月十九日政所始（政治をはじめて決裁すること）が行われた。しかし頼経はわずか二歳であり、政治の行える年ではない。そのため「二品禅尼理非を簾中に聴断」すべしと『吾妻鏡』にはある。政を聞き裁決したのは政子であったことが明記されているのである。

とするとこの政所始は、頼経の政治の開始のためではなかったことになる。頼経の政所始であると誤解されることが多いが、この「政所」は二品政子の家の「政所」であると考える。なぜなら律令の規定によれば三位以上の家は政所を開くことができたからである。平安時代には三位の位にある女性が政所をもち下文を出している。当時関東で三位に上り、ついで二位に昇進したのは政子だけである。政子の政所始の儀が、後継の頼経を迎えて、正式に行われたと考えるのが妥当であろう。

承久の変

承久三年（一二二一）四月、順徳帝は急に仲恭天皇に譲位を行い、東西の対立は急に厳しい幕あけとなった。五月、後鳥羽院は軍勢を召し集め、北条義時追討宣旨を五畿七道に下す。この知らせを受けた関東では、政子の邸に北条時房、泰時、大江広元、足利義氏などが集まった。政子は簾下に御家人を招き、秋田城介安達景盛を通じて次のように述べた。

「皆心を一にして奉るべし、これ最期の詞也。故右大将軍（頼朝）朝敵を征罰し関東を草創して以降、官位といい俸禄といい、その恩すでに山岳より高く溟渤（大海）より深し。報謝の志浅からん乎。而れども今逆臣之讒（讒言）によりて、非義の綸旨を下さる。名を惜しむの族、早く（藤原）秀康、（三浦）胤義等を討ち取り、三代将軍の遺跡を全うすべし。但し院中に参らんと欲するは、只今申し切るべし。」

見事な大演説である。政子は最期の詞であるとして、自分の決意を表明した。頼朝の御家人に対する御恩の大きいことを説き、逆臣に応ずることの自由まで認めたのである。群集した御家人たちは、政子の言葉に感じ、涙があふれて返答することもできないでおり、命を軽んじて恩に酬いようと思うばかりであったという。

ここで注意しなければならないのは、当時関東の将軍といえるのは二位家政子以外になかったということである。よって政子が御家人の士気を鼓舞する立場にあったから、このような演説をしたのである。しかし将軍家の立場にあったから演説を行なったというにとどまらず、つまり月並の演説ではなく、頼朝以来の御恩を持ち出して御家人の本質に気付かせる演説ができたというのは、政子の御台所・後家時代の歴史があってこそなのであった。頼朝と共に、また頼朝の死後は後家として、重事を掌握してきたという政子の経歴が、この演説を可能にし、格調高く御家人の心に訴えるものにしたと思うのである。

夜になって義時邸で時房、泰時、大江広元、三浦義村、安達景盛が評議をこらしたが、意見が二通りに分れた。足柄・箱根で関を固め時期を待つか、ただちに上洛すべきかで議論が決しなかったのである。この時、義時は二つの意見を持って政子に申したところ、政子はただちに上洛という案を採用した。そこで遠江、駿河、伊豆、甲斐、相模、武蔵、安房、上総、下総、常陸、信濃、上野、下野、陸奥、出羽の国々に義時の奉書を発し、一族等を相具すべき由を、家々長(いえのかちょう)に命じている。

承久三年五月十九日の、承久の乱勃発時の右の記事を見ると、明白に、軍事行動の最高指揮権が政子に握られていることがわかる。それとともに、政子の御家人に対する演説が御家人の心を一つに結束させたことをみると、政子こそが関東の棟梁であったことが読み取れる。政子は御家人の精神的支柱、関東の棟梁であるとともに、軍事指揮権・最高決定権を握っていた。重臣の評議に決定を下したのは政子であった。その決定に従って、執行は義時が行なったのである。

政子の乱後処理

乱後処理にも政子が決定権をもっていた。それは後鳥羽院方に味方した者の罪の宥免（ゆうめん）についての例に示されている。源有雅（ありまさ）に関して宥免する旨の書状を政子が出していたのだが、その書状が届く前に、有雅を預っていた小笠原氏が誅してしまったという事件があった。小笠原氏の行為は軽率であったといえよう。ともかく、この例から、罪に落したり許したりする決定権を政子が持っていたことが知られることが重要である。

乱後処理の権限が発揮された最大の場面は論功行賞である。これを政子が行なっている。北条泰時が書き記した院方没収地は三千余ヵ所であった。これを「二品禅尼」が勇敢勲功の浅深にしたがって分配している。この分配も例の如く義時が執行したが、そのうちの一ヵ所も自分の所領にはしなかったのを、世間は美談としたという。

守護地頭制は、三千余ヵ所に置かれた新補地頭（しんぽじとう）を中核に、承久の乱を契機として本格的に確立する。守護地頭の所務については、貞応元年（一二二二）四月二十六日に条々（じょうじょう）が定められた。これは「評議」によって定められたとあるので、重臣と政子の評議の結果、条々が成立したものと考えられる。政子はこの守護地頭制が根付くように、細心の注意を払っていた様子が見受けられる。貞応二年正月二十三日、庶民の憂喜を知るため、政子は承久合戦以来の新補の守護地頭の所務につき、非違を行う者があれば注進するようにと、畿内西国の在庁等に命じている。新補の守護地頭がうまく在地に根付くよう、既存の支配機構である在庁を利用して庶民の意向まで知ろうという姿勢である。この時も義時の奉書が下された。

以上見てきたように、実朝の死後、御家人を掌握し、幕府を率いてきたのは政子であった。棟梁と呼べる位置に政子はいて、その職務を見事に果たしたことがわかる。これが可能であったのは、政子が関東で最高の地位「二品」にあり、かつ頼朝の政治の最もよき継承者であったからであると思う。一つには政治路線が、重臣の評議を基礎にしたものであった点で、頼朝時代の政治路線の継承者となれたのである。二つには、二品の地位が大きな力になったと考える。単に将軍頼朝の後家であったなら、御家人の心をつかみ、幕府政治を主導していくことはできなかったであろう。二品として政所を開設し、政治を行うことができる地位に上ったことが、政子の二位家としての政治を拓いた大きな条件であったと考える。実朝は官位を上げたが、それをうまく政治に利用する前に亡くなった。実朝の後から、乗り気でもないのに得た位階が、実朝の突然の死後、政子にとって二位家として政治を開始するのに好都合な条件となったといえる。

政子は民政にも意を用いている。たとえば貞応二年九月五日、横町辺で下女が三つ子を生んだ時の様子をみよう。このような時は、官庫から衣食を賜わり養育すると『国史』にはあると有識家(ゆうそくか)（有職故実を家職とする者）がいうので、政子は下級役人である雑色(ぞうしき)三人をつかわし、各々が養育すべき旨を仰せ含め、その上母親に衣食を与えている。このように政子は重事を決裁しただけではなく、こまかな民政にも意を用いる人であったことがわかる。

義時の死と伊賀氏の乱

政子のめざす政道のよき執行者であった義時が、元仁元年（一二二四）六月に卒去した。六十二歳であった。義時の後継者を決める必要に迫られた政子は、あいついで京から帰着した時房と泰時の二人を内心後継にと見込んでいた。政子は泰時に向かって「時房と泰時が軍営の御後見として武家の事を執行すべきである」と述べている。つまり執権義時の執行権を受け継ぐのは、時房と泰時であることを、政子は明白にしたのである。

しかし北条政村や伊賀光宗兄弟はこれに反発、義時の跡を襲い関東の執政権を握ろうと動きはじめた。そこで政子はまた行動を開始する。七月十七日、近国の輩が続々と鎌倉に集まりつつある物騒な情勢のなかで、政子は女房駿河局(するがのつぼね)一人を連れて三浦義村宅に渡御(とぎょ)する。そして「義時が死去し、泰時が京から帰った後、人々が群集し世の中は静かではない、政村や光宗などはしきりに義村のもとに出入りして密談をしているとの風聞がある、何事か、承久の乱の時、関東が一致していたため勝利したのは天命とはいえ、半ばは武州（泰時）の功にある、義時は数度の烟塵(えんじん)（戦乱）を鎮め、合戦も終った、義時の跡を継ぎ関東の棟梁たるべきは泰時である、政村は義村と親子の如き関係にある、どうして談合の疑いがないといえようか、ただちに諷諫（それとなくいさめること）を加えるべきである」と述べた。義村は自分は関知しないと釈明したが、政子はなお信用せず、「政村を助けて乱世の企てをなすつもりか、和平の計らいを廻らすのか、早く申し切るように」と重ねて迫ったので、義村は「政村には逆心はないでしょう、光宗等は逆心のおそれがあるので、制禁を加えましょう」と誓ったため、政子は引き揚げている。

閏七月一日、政子は頼経と泰時邸に入って使を義村につかわし、別行動をとらずそこに来るように命じた。こうなっては義村も断ることができなかった。その外、中条家長、小山朝政、小山朝光らの宿老を召して、時房を通じてこういった。「上幼稚のあいだ、下謀逆を禁じ難い、各々故将軍の事跡を思い出し、命に従い一揆の思をなすならば、何者も蜂起することはできないだろう。」宿老の一致団結により、難局を乗り切るべきことを、政子は行動で示したのであった。

そして三日には、政子の前で「世上の事」が決定された。何度めかの謀叛事件の事後処理を政子はまたその御前で行わせたのである。その時の決定事項は、光宗などの奸謀は露顕した。しかし卿相（大臣）以上の者をむやみに罪科に処し難いので、一条実雅卿は京都に進め罪名を伺い奏すべきである、義時後室伊賀局と光宗は流刑に処す、その他は与同の疑いがあっても罪科に処さない、というものであった。伊賀光宗の所領五十二ヵ所は、政子の特命によって、光宗の叔父隠岐入道行西に預けられた。この芳命(ほうめい)（すばらしい命令）を下知したのは泰時である。

伊賀氏の乱の乱後処理では、また政子は老身に鞭打って働かねばならなかった。北条時房を政所に出仕させ（八月一日）、泰時が幕府政治の中心として多忙になることを予測して、家令(かれい)（事務官）をはじめて置き、泰時を後見させることにした（閏七月二十九日）。義時後室伊賀局は、政子の命で伊豆国北条郡に籠居(ろうきょ)させられ、義時の遺領は男女の子息（子供）に配分された。配分注文をつくった泰時は、これを政子に見せたが、取分がごく少なかったので、なぜかと聞かれると、弟に与えたいと思うと答え、政子を感動させている。

政子死す

嘉禄元年（一二二五）五月の末ごろから病に伏していた政子は、一たん持ち直したが、七月十一日、六十九歳の生涯を閉じた。この日の記事には「前漢の呂后に同じく天下を執行せしめ給う、若しくは又神功皇后再生せしめ、我国の皇基を擁護せしめ給う歟」と記されている。前漢の呂后と同列に置き、政治家としてたたえているのである。政子の一生のうち、特に最後の部分（私見では二位家としての時期）が、まさに天下を動かした後半生であったと、『吾妻鏡』は明快に評しているのだと思う。

政子の仏事は頼経の御台所（「竹御所」）が沙汰することになった。安貞元年（一二二七）閏三月には、三年忌を迎えた政子追善の伽藍が、大倉の大慈寺の傍に建立されることになった。政子が永く鎌倉武士の心の中で追憶されていることがわかる。政子が住んでいた邸は安貞二年ごろ、北条政村邸になっている。政子の月忌は以後三年までは年々、その後は十三年忌などとして、建長二年（一二五〇）まで、毎年七月十一日か十五日に南小御堂などで竹御所によって行われ、時頼や泰時が政子を追善した。特に泰時は「作善を積まる事、年々歳々未だ緩まず」と延応元年（一二三九）五月二十六日条にみえるように、毎年仏事を怠ることなく熱心につとめている。この年には法華堂の傍に温室（蒸風呂）をたて、交代で雑掌を詰めさせ毎月六斎日に僧侶などに入浴させることとし、規則としての置文を書き残している。

置文の中で泰時は「関東に奉公する御家人が貴賤上下を論ぜず安堵の思いをなして、各々一郷一村をも領知できたのは、偏えに二品禅定の聖霊の御恩徳の然らしむる所である」といっており、政子の恩に感じるところ大であったことがわかる。また年末には頼朝、政子、義時の墳墓のある堂を巡礼してもいる。特に勝長寿院の小御堂（南小御堂）は、政子の遺跡として、濫觴（おこり）は他に異なる重要なものと見なされていたが、建長三年（一二五一）八月ごろには破壊がひどかったためか、紀伊国雑賀荘を料所としてその荘園から入る年貢を使って修理が加えられた。

政子の事跡と人となり

政子が行なった裁決や決断は、鎌倉期には永く幕府政治の模範となった。『吾妻鏡』正嘉二年（一二五八）十月十二日条には「今日評議あり、仰せ出されて曰く、嘉禄元年より仁治三年に至る御成敗の事、三代将軍幷びに二位家の御成敗に准じ、改め沙汰に及ぶべからずと云々」とある。頼朝、頼家、実朝という将軍位に就いた人物が鎌倉幕府政治の模範であることはいうまでもないが、政子がこれら三人と並んで「二位家」としてあげられ、その裁決は改変のあろうはずのないものとみなされたのである。これは重要な記事であろう。政子の裁決は頼家時代にも実朝時代にも重事について行われた。それを含め、特に二位家時代の裁決は、後世改変すべきでない手本とみなされたことがわかる。殊に政子の功績として大きいのは、守護地頭制の基礎を固め、磐石（ばんじゃく）の制度とすべく努力したことではないだろうか。ゆえに政子は鎌倉時代の第一級の政治家であったと評してよいだろう。

政子を頼朝と並んで第一級の政治家に押し上げた条件の一つに、政子が二位という高い位を得たことがあげられる。政所政治を行わせる条件が整ったことが、幕府の動揺期に政子に政治的手腕をふるわせることができた要因であったと考える。またそうした条件の中で、政子は宿老の合議を尊重しながら、見事な裁決を下したのであった。その政治的能力がすぐれていたことは、これまでの記述で納得していただけるものと思う。

政子の政治への参与は、御台所時代からはじまっていた。頼朝と役割を分担しつつ政治に関わっていたが、頼朝生存中は何といっても登場することは少ない。しかし頼家、実朝時代は後家として重事を取り仕切り、それを基礎にして、二位家時代は関東の棟梁として裁決にあたった。しかし政子の路線は宿老の合議を尊重しつつ自らの裁決を行うという道であり、決して独裁を基軸に置くものではなかった。よって政子の政治が可能であった背景には、宿老を中心とする鎌倉武士の男女の、幕府に対する期待と奉仕が広く存在したことがいえるだろう。

第二章　室町将軍家の御台と女房

鎌倉武士が「中世」という一時代を担う階層として歴史に登場した時、源頼朝はその棟領として武家政権樹立に功のあった大政治家であったが、彼とともに御台所（みだいどころ）政子が姿をあらわし、幕府政治を頼朝から預って見事にそれを武家政権として継続させたことを第一章でみてきた。中世という時代は、実はそのはじまりの時期から、女人政治という要素を付随させていたのである。

とはいえ、女人政治は政子をもって終りを告げたのであろうか。六十年に及ぶ南北朝内乱を経た後に出現した室町時代は、同じく中世とは呼ばれても、封建社会が一段と成熟した時代、また商業高利貸資本の活動が活発であった時代であるといわれている。このような室町時代という時代相のなかで、女人政治はいったい姿を見せるのだろうか、見せるとすればどのようなものとして登場するのだろうか、鎌倉期の女人政治とはどのように異なるのだろうか、こうした点が本章の検討課題である。

比較研究を容易にするために、南北朝期の政治に関与した公家出身の阿野廉子（あのれんし）や勾当内侍（こうとうのないし）は考察の対象から除き、室町将軍家の御台所、なかでも日野重子と日野富子に焦点をあわせてみたいと思う。将軍家の御台所や生母という共通の基盤を持っているからである。

一　日野重子と今参局

日野家の人々

鎌倉末―南北朝内乱期に活躍した日野資朝や俊基の流れをくむ日野氏は、室町幕府の三代将軍足利義満の二人の妻を出すことによって、以後の繁栄の基礎が固められている。つまり義満の妻として日野資康の娘康子と資康の姉妹業子が入ることにより、足利将軍家は日野家から妻を迎えるという伝統を築くことになったのである。特に康子は義満の正室として、義満にも尊重され、北山院と称され、後小松天皇の准母（母に准ずる位置）という扱いを受けた。康子の兄弟である重光は、裏松（日野）家の当主であったが、彼の地位は将軍家に嫁した女性達の立場によって支えられていたといっても過言ではなかろう。重光の子義資の姉妹が、この章の主役日野重子である。

日野重光の子は、家督を嗣いだ義資を除き、男子はすべて出家している。禅宗の寺に入った者、興福寺へ三人、山門一人とすべて寺に入っている。義資の孫（政光の子）も、山門に一人、禅宗二人、興福寺一人、烏丸家でも豊光の子が興福寺一人、浄土宗の寺に二人などと、広く寺入りを果たしている。氏寺に集中して入るのではなく、禅宗、浄土宗、旧仏教系寺院と多くの流派にまんべんなく入寺しているのは、公家と寺院との深い結びつきを示すものといえよう。公家の庶子は、広く寺院に入ることによって、生涯の生活保障が得られるのであり、この関係によって中世の公家社会の存続が可能であったのである。寺院もまた大荘園領主であり、公家、武家、天皇家の所領寄進や安堵で領主としての性格は保証されていたから、公家の庶子の入寺は喜ばれこそすれ、避忌されるものではなかったのである。そしてまた寺院と公家・武家の世界は、還俗が容易になされたことからわかるように、常に往来のある世界なのである。

いっぽう日野家の直系に生まれた女子はというと、南北朝期以後、婚姻関係では将軍家と藤原氏系の公家に限定され、婚姻しない女子はほとんどが宮中に入って天皇や院の典侍（内侍司の次官）、上

日野氏略系図

- 時光
  - 資康
    - 重光（裏松）
      - 義資
        - 政光
          - 勝光※（養子）
          - 富子（義政室）
          - 女子（義視室）
        - 勝光※
      - 女子（義教室）
      - 重子（義教室）
    - 豊光（烏丸）
    - 康子（義満室）
    - 栄子（義持室）
  - 業子（義満室）
  - 資教
    - 有光

（＝は養子）

臈（身分の高い女官）となっている。日野家傍系の武者小路家でも事態は同様である。これは、他家との婚姻を制限して、将軍家の妻室を代々出し続けるという日野家の家柄を、純粋に守り続けようと努力した結果であると思う。将軍家との婚姻をなすか、もしくは宮中に上って女房づとめをするか、二つのコースが日野家の女子の室町期における生き方であったといえる。

権門体制の裏打ち

とすると室町期、公家の男子は嫡子と他家に養子に入った者を除き、寺院に入って僧侶としての生活を送ることで生活の保障を得たわけであり、公家の女子は婚姻か女房づとめかで、いずれも生活の保障はなされていたことになる。しかも公家の男女子の行き先を見ることによって、公家という権門と、寺院という権門との固い結びつき、人的交流の網の目が形成されていること、また公家と天皇家、将軍家との関係は、婚姻と女房づとめを通じて、これも緊密な結合が、公家女子によって果たされていたことを知ることができた。諸権門の協力による支配体制「権門体制」は室町期、もっともよく機能していたのである。そしてこの「権門体制」が持続されたのは、人的結合に裏打ちされていたからであることが明白になった。政治機構の裏側には、こうした一生の生活を支えあう、公家、寺社、武家の人事交流がしっかりと形成されていたのである。

義教と日野氏

日野義資の死後、日野家では家督争いがおこっている。義資の急な死のあと、その子政光もまた出家したため、日野家の当主は政光の長子勝光がつとめることになった。このころ日野家の傍流にいたのが有光である。有光は義資の流れを嗣ぐことを望んだが、将軍足利義教によって拒否されている。日野家の家督相続に失敗した有光は、嘉吉三年（一四四三）九月の「禁闕（御所）の変」では、南朝方に与したので、幕府軍に討滅されるという運命を辿る。

日野義資も、足利義教には痛めつけられている。義資の姉妹である重子が、永享六年（一四三四）に長子義勝を生んだ時、義資は義教に疎まれて蟄居中であった。ところが将軍義教の男子出生のお祝いを、公家たちが義資邸へ述べに行ったため、義教の怒りはさらに増したのである。義教は義勝誕生の日に、義勝を正室三条尹子の猶子にし、義資邸に慶賀に訪れた公家、武家、僧侶等の人名を注進させ、悉く処罰している。

たとえば御室（仁和寺）、相応院、九条前関白、西園寺、花山院等は義資邸へ使を遣したというだけで、きびしく「切諌」（折檻）され、花山院忠長朝臣は所領没収、家も没収。菅原（高辻）長郷（長広）朝臣は前年安堵された芝山荘、筑紫の所領の召し放ち、西園寺氏も所領を没収され、石清水八幡宮の神官である田中氏も所領を没収され、かわりに善法寺氏に下されてしまったので、田中氏は逐電、南都（奈良）の人々も自殺してしまったという。合計六十人余がお祝いに訪れたというだけで被害を被り、所領没収や逐電の憂き目に遭ったのである。義資の父重光の所領はこの事件のためすべて没収されている。そのため逐電したとも遁世したともされるが、遁世は虚説だったらしい。

日野義資にはさらに災いが降りかかった。義資邸に同年六月八日、夜討がかけられ、義資は寝ていた蚊帳を切り落とされ、刺し殺されたのである。傍に臥していた若者も殺されている。犯人はだれとも判らなかったが伏見宮貞成親王が残した『看聞日記』では「但公方（将軍）密々仰せ付けらるか」と、義教がひそかに命じたものであろうと推測している。義資の子重政は遁世し禅僧になった。日野一流はたちまち所領を没収された。そのため裏松家は一たん烏丸資任に与えられたが、資任は屋敷を壊って売り払ってしまった。勝光に家督が渡ることによってようやく日野家は存続が可能になったのである。このように日野氏は将軍義教によって、永享六年壊滅的な打撃を被ったことがわかる。

義資の暗殺について「公方御沙汰」だといった藤宰相入道は、すぐさま室町殿（将軍の居所）で召し捕えられ、流罪に処せられている。このような重罪に処せられた理由が、他の人々にはわからず、伏見宮貞成親王は「何様重科か不審也」と日記に記していたのだが、後日、義資の死について藤宰相入道が、将軍のなさったことではないかと疑ったことが義教の耳に入り、すぐさま重罪に処せられたことが判明したわけである。義教の重い処罰が、廷臣たちをどれだけ恐怖に陥れたかがわかろうというものである。理由も定かでなく、単なるうわさで、室町殿（将軍家）の勘気（勘当）を被り、重罪に処せられることによる不安と恐怖は、義教時代公家の間にみなぎっていたのである。そして日野家はその矢面に立たされていた。とするとこの時代の日野家の位置をからくも支えていたのは、義教室となった重子の姉と重子の二人の女性であったといえる。

義教と僧侶

僧に対しても義教は厳重な処罰を加える姿勢をくずしていない。永享五年から七年にかけて「山門騒動」といわれる事件がおこった。発端は永享五年（一四三三）七月、延暦寺の僧が赤松満政、飯尾(いいお)為種(ためたね)を訴えて嗷訴(ごうそ)したことにあり、その後何度も蜂起と幕府軍の鎮圧が繰りかえされたあと、中心的な存在であった僧円明坊は出奔、金輪院(こんりんいん)は殺害され、七年二月に根本中堂が焼かれて、多大の犠牲を払って終った。その間、円明坊や金輪院は、鎌倉府と通じて義教を呪詛したとのうわさも流れ、両人は所領没収、追討を受けるということもあった。「山門騒動」はこのように、当時の政治状勢と密接にからみあった事件であったが、うわさによって義教が弾圧に乗り出し、徹底して相手を打ち砕くまで手をゆるめない、という一連の方策を採っている点では、公家への対処法と同様であったといえる。

また、永享六年七月十七日には、相国寺の僧一人、建仁寺の僧一人が、六条河原で首を刎(は)ねられている。その理由は、相国寺の僧が喝食(かつしき)（禅寺の少年役僧）を殺したので、その犯人を建仁寺の僧が殺害した点にあった。この事件は殺害と敵討(かたきうち)にあたるが、刑罰にてらすと殺害は重科に相当する。これに対する義教の処罰は、侍所に命じて両人を召し捕らせ、車に乗せて裸にして縛り付け、大路を渡し、相国寺寺中で寺院大衆に渡し、大衆にこれを見物させるというものであった。建仁寺の僧も同様に処罰した。その後両者の首を斬っている。衆人の眼前で晒物にし、刑を執行するのは、異様である。このように、公家にとっても寺社にとっても、義教の政治は常軌を逸した「恐怖政治」であったのである。

「恐怖政治」の終焉

義教の妻妾のなかでも、洞院氏の娘は、永享六年二月、将軍御所から追い出され、あげくの果てに義教によって二条持通と婚姻させられている。これに対して正室三条尹子は、義教に寵愛されており、先述のように重子の生んだ男子義勝は尹子の猶子とされ、生後一月にも満たないうちから義教・尹子に連れられて方忌（ある方向への出向・葬送などを忌む俗信）を行なっている。尹子は義教と連れ立って兵庫まで遣明船を見物に出掛けたり、賀茂の競馬を見たりと、仲の良さを史料に残しているのである。永享六年三月には尹子は従二位に、永享九年十月には従一位に叙せられている。三条家には、義教から「突鼻」されて没収された公家の所領が、多く与えられている。尹子の妹も義教の妾であったが、この人・三条上﨟には、永享九年男子が生まれた。義教はこのように、好悪の感情が実にはっきりした人であったらしく、憎まれた者は徹底して排除されたのであった。

嘉吉元年（一四四一）六月、将軍義教が赤松邸で殺害されたことは、「恐怖政治」におびえていた多くの人々を安堵させた。赤松満祐自身、義教の守護大名弾圧策を見ていて、次は我が身だと察知して、先手を打ったものであった。赤松を討伐するための幕府軍が、すぐには組織されなかったのも、義教への反目が根強かったことを示している。

では日野重子の立場はどのようなものであったのだろうか。次の将軍に義勝が決まり、その生母であったことが、重子が脚光を浴びるきっかけとなった。義勝が元服したのは嘉吉二年十一月七日のことである。その後義勝は生母重子と行動を共にすることが目立ったが、その義勝が嘉吉三年七月二十一日、あえなく死去してしまった。次の将軍には、すぐさま義勝の弟義成（義政）が決まった。今度は重子は義成と共に諸将の邸を訪れることになる。義政が将軍としての実質を持つようになったのは、宝徳元年（一四四九）四月に征夷大将軍に任じられてからである。この年八月に三条尹子も死去したので、重子の将軍生母としての地位は不動のものとなったのである。重子の姉は文安四年（一四四七）にすでに亡くなっていた。重子が主軸に座る時が来たのである。ところがここに現われたライバルが、義政の乳母今参局であった。

日野重子と今参局の対立

宝徳三年（一四五一）「大方殿」重子は、突然北小路の邸を出て、嵯峨辺にやって来た、との知らせが義政のもとに入った。義政が烏丸資任、日野勝光などを使に立てて子細を尋ねたところ、腰痛祈禱のため嵯峨五大尊堂に参籠するとの返事であった。表向きは参籠であるが、実際のところは「公方御成敗の事は、近日上臈御局（大館氏の親類の娘・今参局のこと）幷びに大御乳人、此の両人毎事一向申沙汰せらる」（『康富記』）ため、重子から「御口入の儀」があったが、義政が承知せず、管領畠山持国も「御口入無用」という態度を取ったので、重子が隠居を志した、というのである。

つまり重子は、今参局や大御乳人が義政の政治にことごとく口を差しはさむので、止めさせようと戒めたが、義政や管領に突っ張ねられたので、隠居するそぶりを見せたわけである。義政の青年期、今参局や大御乳人がさかんに口入（政治に口をさしはさむこと）していること、それをにがにがしく思っている重子も、対抗するためには口入せざるをえなかったことがわかる。重子の時代が始まったのにもかかわらず、口入においては今参局に先を越されたかたちであったのである。

　重子の嵯峨出行には、前史があった。それは尾張国の守護代に関する人事問題についてである。義政は先年突鼻されていた織田郷広を召し出して、守護斯波氏の当主千代徳の被官である織田敏広を退けた。それは今参局が織田郷広を「執り申」したからである。反対に重子の意志は、守護代人事は守護千代徳の意に任さるべしという点にあった。この件で千代徳が面目を失うのはよくない、斯波氏は将軍家にとって大切な一族であり、千代徳の憤りを無視できない、というのが大方殿重子の意見であった。つまり守護代の人事は守護に任せるべきだという意見である。これは封建社会の上下関係から見て、妥当な意見といえよう。

　ところが義政は重子の意見を斥け織田郷広を再任したのである。後日、管領の内々の沙汰として、織田甲斐入道に切腹を命じている。これもまた今参局の意見によった処置であった。今参局の意見が義政に受け容れられ、重子の正論は斥けられている様子がよくわかる。こんな状態では「天下の重事」に及ぶにちがいないと判断して、重子は俄かに嵯峨へ出行したのである。この事件の本質を、公家中原康富は、もともと今参局と重子の「心底御不和」に由来するのではないかと記している。尾張守護代の人事問題の発生する前から、今参局と重子は、あい容れない間柄であったらしい。

織田氏の内紛が、今参局と大方殿重子の争いとなって表面化した理由は、両女性の対立が根深かったこととあわせて、斯波氏自身の問題にも根ざしていたと思われる。織田氏の主家斯波氏の千代徳は宝徳三年十七歳であり、事件当時はまだ元服以前であった。守護家が家として確立する前の不安定な時期にあたっていたためである。それに、斯波氏の家中では、甲斐氏、織田氏、朝倉氏の三つの家が内者（うちのもの）として権勢を振るっており、特に甲斐入道が隠然たる力を持っていたので、千代徳の意志として出てきたこの人事も、実は甲斐入道の意志の反映であった可能性は大である。千代徳はこの事件のあと、十一月二十一日に元服し義健と称している。斯波氏家中の、重臣の権力争いが守護代の人事問題と関わっており、甲斐入道が若年の千代徳を押し立てて、織田敏広を推すために重子の力を借りた、というのが、守護代更迭問題の真相ではなかっただろうか。

さて、織田氏の問題は、重子の隠退という意志表示によって、管領と相伴衆（しょうばんしゅう）、宿老の談合を開かせ、その趣を三宝院准后が将軍に申し入れるという経過を生んだ。申し入れの内容は、今参局は洛中に住むべからず、尾張守護代織田氏については千代徳に補任権を返付する、というものであった。そのため今参局は室町第（てい）を離れるという結果を生じている。いっぽう大方殿は十月十日、室町第に帰っている。この結末を「天下惣別の安全歓喜也」と中原康富が喜んだのは、単に重子の意見が通ったためではなく、今参局が没落の織田を据えるべきだと口入するのは「天下のため公方のため」よくないことだと重子が制したことを、評価したものであると思う。守護代の更迭に将軍が介入し、しかも今参局の意見を鵜呑みにして行った人事は、重子の諫止と管領・宿老の判断によって正常に復したが、このことはおおかたに支持される処置であったことがわかる。

「口入」の政治

重子は寺院の住持の人事にも口入している。寛正二年十二月、北山雲鷲寺内給孤庵の住持である鷲尊蔵主が連署していうには、三月十七日「大上様」（重子）からの書状で、慈育上座をまげて入院させられた、よって連署状をもって重ねて申し上げるが、寺家では困っている、というものであった。このような寺家人事への重子の口入は、寺院にとって好ましいことではないので、寺院の抵抗は激しかった。室町幕府はこのころ寺奉行を置いており、各寺院からの訴状は担当寺奉行を通じて幕府に披露され、寺への料足下行（経費給付）も寺奉行が間に入って取り扱った。寺院と幕府の間には、この寺奉行が正式の申し次ぎルートとしてあったのであるから、重子の人事への口入は横槍として、寺院からも幕府からも好まれなかったのである。そのためか、人事については、寺院の独立性を保つための「官挙を用いない」との制法が、この事件以来つくられたようである。

ところが富子の時代、重子同様に人事に口入することがおこった。寛正六年（一四六五）六月、普広院周寅侍者を侍香に転位してほしいと、富子が鹿苑院に吹挙（推）してきたのである。しかしこの場合、先の官挙を用いないとの決定を「御制法」があるとして用い、寺側は渋ったため、伊勢備中守をもって憤りの旨が述べられたが、ついに富子も説得され、以後は推挙を停止すると富子が述べて決着した。織田氏の人事問題では重子は守護斯波氏の決定を用いるべきだとの正論を述べたので、管領や重臣が支持し、重子の意見が正当とみられ、今参局は京を追われた。ところが寺院の人事に関しては、重子の口入は通用していない。後者の場合重子の言が容れられなかったのは、人事決定のルートそのものに、寺院以外の決定が入りにくい構造になっていたためであろう。将軍の生母といえども、寺院の人事には介入できないという一定のルールがあり、それが制法として明文化されるに至ったこと、つまり人事については寺院の独立性がこの時代に確立されたことが知られる。口入がさまざまな場面で横行していたこの時代に、思わぬ副産物が生まれたことになる。

「嬖妾」今参局

重子の時代、もう一つの政治勢力を形成していた今参局は、別の事件によって長禄三年（一四五九）正月、義政によって近江沖島に流刑に処せられる。義政・富子の第一子（女子）が早死したのは、今参局の呪詛によるとうわさされたためである。『碧山日録』に「隠島」とあるのが、隠岐島ではなく、近江の沖島であることは、『経覚私要抄』（安位寺殿御自記）中の「江州隠岐嶋に流さるの由その聞え有り」によって明らかである。

ところで、今参局について『碧山日録』は「大相公の嬖妾某氏、曽て室家の柄を司り、その気勢焰々近づくべからず、その所為、殆ど大臣の執事の如し」と述べている。今参局が大館氏の娘であることは自明のことであるのに、某氏としたのは、大館家をはばかってのことであろう。ここで注目されるのは、今参局が室家の柄を司っていたこと、勢力が大きなものであったこと、為すところは大臣の執事の如くであったとある点である。今参局は義政の妾として、将軍家の家内の主として奥向きの女房や公人を取り仕切っていたばかりでなく、政治的にも一大勢力を形づくっており、大臣が執事する如く政治に一々関与していたことがわかるのである。『経覚私要抄』にも「この五、六カ年、天下万事、併ならびに此身上に在るの由謳歌の間、権勢を振い傍若無人也」とある。傍若無人に権勢を振るう今参局の姿が、ここにはある。正室でなく、義政の妾とも乳母ともいわれる今参局が、これほど義政の政治に深く入り込むことができたとすれば、これは見事というほかない。

足利義政の青年期の政治が、管領や有力守護大名を制圧しつつ将軍権力を強化しようとするものであったことは、室町期の政治史研究がすでに明らかにしている。いわば義教時代の部分的継承といってもよいだろう。そうした義政青年期の政治の一部分に今参局が関与していたとすれば、彼女の政治的手腕は見事なものであったとしなければならない。「当室町殿を守り立て申すは此局なり」と『大乗院寺社雑事記』は記している。今参局の政治姿勢は織田氏の人事問題から考えて、守護権を掣肘し、守護代の任命権を将軍の方に取り上げるという、守護大名制圧策にあったといえる。しかしこの方向は、守護や、有力守護出身の管領に反対にあうのは目に見えている。守護大名らは重子を通じて、義政を今参局の手から連れもどし、政治路線の修正をもなすことに成功したのである。

今参局はこのように「権勢を振い」という点で非難されたが、もう一つの点でも非難されている。「又妬忌するところ多く、竟に陰事をなす、而してその室家の夫人に殃す、その事遂に発る」と『碧山日録』が記していることからみて、今参局の嫉妬から出た行為が、義政の正室富子に災いをなすに至ったことがわかる。「その事遂に発る」といわれた事件は、義政と富子の間に生まれた第一子が早死したことである。長禄三年（一四五九）のことである。『経覚私要抄』によると、御台富子のお産の際、今参局が調伏したので、若公は腹中で死去したとあるから、先述の陰事はこの調伏のことを指すと考えられる。富子の第一子の死は、今参局の調伏のせいだと看做され、それは今参局の嫉妬心から導かれた事件であると判断されたのである。これ以前にも、重子と今参局の対立が続いていたが、この若公死去がきっかけとなって、今参局は洛中から追放された。

今参局は正月十三日に召し捕えられ、十四日に配流と決定、十八日か十九日に「逝去」したとある（十八日に「逝去」したとするのは『蔭涼軒日録』、十九日に「切腹」したとするのは『大乗院寺社雑事記』）。配所に流される以前に「切腹」したというのが真相であろう。二十日には初七日の仏事が雲沢軒で営まれている。法名は性仁、道号は寿峰。二十四日には等持寺にやってきた義政に仏事の作善（仏や僧への供養）が披露されている。四年後の寛正四年（一四六三）六月には義政は等持寺に行き、桟敷で半斎諷経焼香のあと、近江国寿千寺領、越中国三宮跡を「御今上郎」追善料所として寄進している。

このように今参局の死後すぐに仏事が催され、四年後にも追善のため料所まで寄進されていることは、義政の今参局への愛着の深さを示すものであろう。義政は政界から今参局を退けたが、その死までを望んではいなかったように思えてならない。今参局に呪詛の疑がかけられ、退けられたことによって、今参局の採る政治路線が敗北することになったわけであり、このことからみて、守護大名側の将軍権力強化への反発と将軍権力の限定への思惑が、この事件の背後にあったとみられる。

守護大名の思惑に近いところにいたのは義政生母重子である。『大乗院寺社雑事記』が、今参局の死去に対し「御大方殿申沙汰故云々」と記していることからみて、大方殿重子と守護大名との結託による陰謀の匂いさえするのである。十三日に召し捕えられてから、すばやい決定のあと、切腹がなされ、その死の翌日か翌々日に初七日の仏事というスピードは、これが仕組まれたシナリオであったという疑いを抱かせるに充分ではなかろうか。とにかくこのような経過を辿って今参局は死去した。政治に口入する立場に登った女性が、政治路線の異なる反対派によって葬られるという結果に終った。今参局の姿は、失敗に帰した例ではあっても、女性が政治に関与することができた一つの事例として注目に値する。

重子の役割

寛正四年（一四六三）六月ごろ、重子は病に罹（かか）ったので相国寺蔭涼軒（いんりょうけん）で祈禱が行われた。十二日から十七日まで大般若経が読まれることになり、伊勢氏と蔭涼軒主季瓊真蘂（いんりょうけんしゅきけいしんずい）が相談し、事を進めている。別に、重子の病気平癒の祈禱のため、近習（きんじゅう）の武士十八人が七仏薬師、文殊堂、平等寺などに詣でている。このように追善や病気平癒の祈禱に寺社が動員され、営料として所領や多額の銭貨が寄付されていることは、幕府支配の中に寺社が組み込まれていることを示している。寺社特に五山十刹は、室町幕府の政治経済機構の中にしっかり組み込まれ、支配のための仕組として機能していることが確認される。この姿は、足利義満が公武の上に立つ権力を指向し、寺社をもその下に組み込んでいったが、その義満の方策が実現している様子を示しているともいえよう。

大方殿重子はこの時以来の病が命取りとなり、寛正四年（一四六三）八月八日に亡くなった。重子については生前、先の尾張守護代更迭事件以外にも、さまざまな政治参加が抽出できる。たとえば文安元年（一四四四）二月、時の管領畠山持国が管領職をやめるといい出したのに対し、大方殿重子が「上表（辞職）叶うべからず」といったが、畠山は承認しない。そこで諸大名が管領邸に行きなだめたが、やめる意志は変わりがない。その理由は管領職の順次からいうと次は斯波千代徳の番であるが、この人はまだ幼く、元服もしていない、また先の管領細川持之は、すでに管領職に就いていたから再任できないと畠山は称したようである。義政はこの二、三年管領を続けるべきだといったが、なお畠山はやめるといってきかないので、大方殿重子が二月二十八日、俄（にわ）かに畠山邸に渡御、強いて留任を命じられたので、畠山は渡御畏れ多しとして領掌（了承）した、と『康富記（やすとみき）』は記している。

年若い義政、大名衆、大方殿が制止するのに、管領をやめるといって聞かなかった畠山持国が、翻意を決意したのは、最終的に大方殿が管領邸に渡御して慰留したためであったことが、この記事からわかる。鎌倉時代、尼将軍政子がしばしば大事件の起りそうな時に御家人邸に出向き、説得にあたって、未然に事を防止した前例が思い起こされる場面である。大方殿もまた年若い（九歳の）将軍義政の政治を、側面から支えていたといえよう。重子には、没落の危険に晒されている日野家の地位を回復させ、若くして将軍となった義政を側面から支え、諸大名と協調しつつ政治を行わせる役割が課されていた。義教生存中は、正室でなかったために政治に口入することはできなかったが、義教の死後は新将軍の生母として、右の二つの役割を、今参局方との抗争の中で、よく果たしたといえるのではなかろうか。

二　富子の登場

富子、義政の正室に

日野富子が義政の正室となったのは康正元年（一四五五）八月のことである。この時義政は二十一歳（『康富記（やすとみき）』）、富子は十六歳であった。この年の正月九日には義政の妾に娘が生まれている。「御袋大館兵庫頭妹也」と『康富記』にあるところからみて、大館氏の娘でサンゴと呼ばれた人の出産であったことがわかる。彼女は兄兵庫頭の宿所鷹司烏丸西頬（つら）で出産しており、中原康富、二条准后、関白、近衛右大将などが次々お祝いのため室町第に参賀している。このように、富子が御台となる以前に、義政にはすでに何人かの妾があり、子供まで生まれていたのである。

婚姻後数年間の富子の様子はよくわからない。義政は婚姻後の十年間に積極的な青年将軍としての姿をみせる。康正元年七月、幕府が賦課した段銭・棟別銭をもって土御門内裏を新造し、天皇は還幸（帰還）したので、その功を賞されてか右近衛大将となっており、寺社や奉公衆、奉行人の所領を安堵し、過書（通行許可証）を発行するなど、精力的に政治を行なっているのである。室町第（花の御所）の再建の最中に、寛正の大飢饉がおこり、後花園天皇から叱責の意味を込めた漢詩を送られて、工事を中止する素直さを持っていた。つまり義政はこの時期、青年将軍として、自己の意志を前面に出しつつ、将軍の職責を積極的に果たしていたといえる。富子は長禄三年の今参局配流事件を除き、御台として、安定した生活を送っていたと考えられる。

富子の生んだ第一子（女子）は長禄三年に早世したが（今参局の呪詛により死去したとされ、今参局が配流されたのがこの時である）、寛正六年（一四六五）に第二子義尚が生まれると、御台としての地位は不動のものとなった。義政の子女は、康正元年生まれの女子につづき、長禄二年生まれの女子、そして早世した富子の女子、寛正三年生まれの子供、寛正四年七月生まれの女子、寛正六年七月阿茶が生んだ子供等多くを数えた。義政にとって子女の誕生は珍しいことではなかった。しかし婚姻後十年にして男子を生んだ御台富子にとっては、義尚の出生は特別の意味を持ったと思われる。御台としての立場に、次期将軍候補の生母という条件が付け加わることになったからである。

富子が婚姻後の十年間、安定した御台としての位置に座り続けられたのは、義政の生母日野重子の義政への支えにあずかっていたと考えられるが、その重子は寛正四年八月八日に死去してしまった。その翌年寛正五年四月に行われた下鴨糺河原(ただすがわら)の勧進猿楽は、特別の意味を持っていると思われるので、次に検討してみよう。

寛正の大飢饉

長禄・寛正年間は、大凶作にみまわれた年があいついだ。一年目の不作が次の年になっても回復しないことが多かったので、庶民の生活は厳しかった。長禄三年（一四五九）・寛正元年（一四六〇）の不作は、いわゆる「寛正の大飢饉」を生じさせたのである。「同年(寛正二年)ノ春ノ比ヨリ天下大キニ飢饉シ又疾疫悉クハヤリ」（『長禄寛正記』）と記されるように、凶作の上にさまざまな病気がはやったので、「世上三分二餓死ニ及」という惨状を呈している。人口は寛正二年の飢饉と病気の蔓延のため、三分の一に激減したのである。「骸骨(がいこつ)衢(ちまた)ニ満テ道行人アハレヲモヨヲサズト云コトナシ」と『長禄寛正記』は述べている。死体を片づけるとゆとりさえなかったことがわかる。この年の京都の死者は八万人といわれている。

ところがこの惨状の最中、将軍足利義政は長禄三年二月から続けていた花の御所の作事に熱中し、山水草木をどう置くか、石をどう立てるかに日々人民を使役しており、飢饉に無関心で、そのうえ新殿を造営するありさまであった。そのため後花園天皇が、自作の漢詩を義政に与えたという。

残民争採首陽薇（わらび）　処々閉序鏁竹扉
詩興吟酸春二月　満城紅緑為誰肥

将軍義政はこれを見て大そう恥じ、新殿造営を止めている。後花園院の漢詩に託した誡めが、義政に通じたことになる。この時代にはまだ義政も、他からの意見を耳に入れるだけの率直さを失っていなかったようである。

勧進猿楽の興行

寛正二年の大飢饉からようやく回復した寛正五年四月、足利義政、富子夫妻は、糺河原（ただすがわら）で猿楽を興行させている。四月五日に能七番（相生、八島、三井寺など）、狂言六番、七日に能七番（鵜羽、敦盛、山姥など）、狂言六番（鬚（ひげ）やぐら、蛟相撲など）、十日に能十二番（白楽天、誓願寺、箱王曽我など）、狂言十一番（三本柱、こよみなど）が演じられた。この猿楽は、鞍馬寺の塔修造のための勧進興行である。寺社が荘園収入をもって修造を行う力を失いつつあることが示されているとともに、寛正ごろには、将軍家が大名衆、公家、寺社を動員して勧進に加わらせる威令を、保っていたことがわかる。『蔭凉軒日録』が「天下太平の時、必ず勧進有り、是故上下和睦して相楽しむ、尤も公方御威勢之に過ぐべからず」と評しているのは、これをよく示している。勧進興行成功の度合いは、将軍家の威令が盛んであるかないかの判定基準になるのである。寛正五年の勧進猿楽は、将軍家の権威が安泰であったために、大成功のうちに終っている。

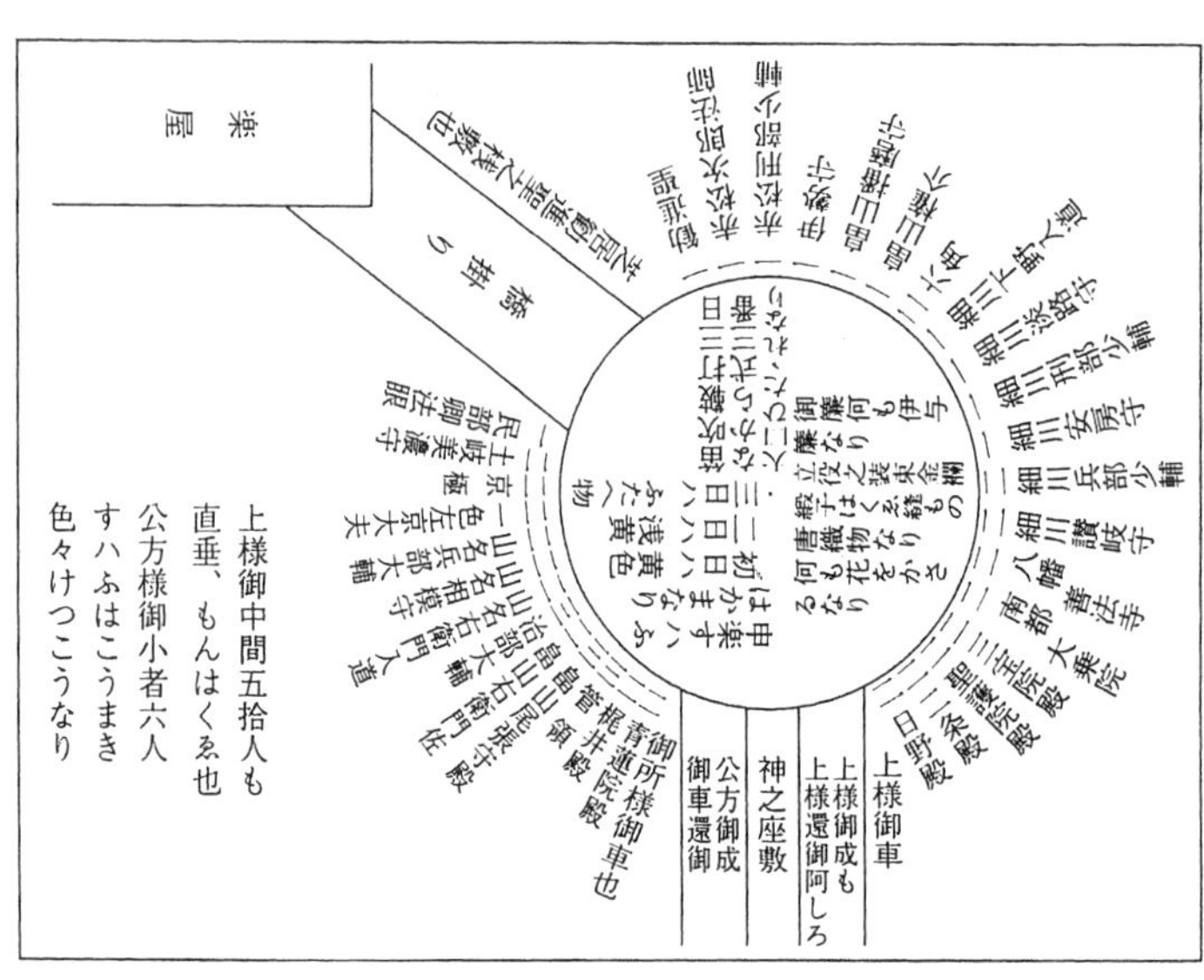

紀河原勧進猿楽の舞台（群書類従第十九輯『異本紀河原勧進猿楽記』より作成）

ところでこの勧進猿楽は、円型の舞台のまわりに桟敷が設けられ、神の座敷を中心にして公方足利義政、上様富子の座席があった。その両側に、義視、青蓮院、梶井宮、管領細川勝元、畠山尾張守政長、畠山右衛門佐義就、治部大輔斯波義廉などの席、日野、二条、聖護院、三宝院、大乗院、善法寺、細川讃岐守成之、細川安房守持久、六角、伊勢守（伊勢貞親）などの桟敷がつくられていた。末席橋掛りのそばには、勧進聖の桟敷も設けられていたのである。合計六十三間の桟敷が、円型の舞台の周りに設けられるという、大規模なものであった。公方義政、富子、義視だけは車（輿）で乗りつけそのまま見物したようである。但し富子にだけは網代が準備されている。まさに、この勧進猿楽は武家、公家、寺社から勧進聖までの上下一体となった和合のセレモニーであったことがわかる。では一般庶民はこの勧進猿楽に、どのようにかかわったのであろうか。

四月五日の記事に「午後御成、能者七番、観之者若千人、不可挙数也」がある（『蔭涼軒日録』）。桟敷の数は六十三間で、二間ないし一間を桟敷として大名や寺社が見物していたのであるから、桟敷で見物したのは三十五人にすぎない。とするとこの〝千人〟は、家来や一般庶民の見物人を指すと考えざるをえない。桟敷の後を、大勢の見物人が取り巻いていたことになる。大名や公家の家来や庶民が、どれほど勧進したかは不明であるが、家来衆や庶民が大勢で押しかけるほど、猿楽が室町期のあらゆる階層に愛され、親しまれていたことはたしかである。こうした室町期の大衆芸能を、将軍家が勧進猿楽として、室内ではなく白日のもとに興行させることによって、上下の人心を収攬する手段としたことが重要である。『蔭涼軒日録』が見抜いていたように、「公方の御威勢に人又服し、天又感」じたのであった。この猿楽が整然と興行されたことを見た公武、庶民は、いずれも「壮観」に感激し、「千載一遇」と喜んで、「天下太平（泰）」に満足した。この勧進猿楽によって、寛正の大飢饉の終了が宣言され、将軍家の権威は保たれたのである。

庶民と能

ここで、室町期の庶民と能について述べておこう。文安三年三月十七日に伏見で催された田楽や能は、住心院に住む実意大僧正の主催で、伏見殿（伏見宮）以下殿上人（四条隆富、庭田重賢、冷泉永親ら）を迎えて行われた。一日目には田楽、立逢（立会）、刀玉、能の順で演じられ、能は十番を演じたところで日没となったので終っている。二日目は八番で日の暮となり終った。この二日の見物人の様子を「貴賤群集の人、能ごとに感声を尽す」「今日見物の類前日に超過す、庭にある者は木枝にのぼる」と記している（『文安田楽能記』）。田楽や能の見物をした正員は伏見宮以下の公家なのであるが、この田楽能が住心院の庭で行われたためか、多くの見物人が能を見ていたらしい。伏見宮家領伏見九郷の番頭たちは伏見宮家を出迎えているので、彼らは当然見物したものと思われる。この時は「番頭十人」と記されている。

しかし「貴賤群集の人」「見物の類前日に超過す」などと記されていることからみて、一般庶民も物かげから、あるいは庭に入って、見物していたと考えられる。そうして見物人の方から、能ごとに感嘆の声がかかったとあるから、見物人は現在のように静かに無言で見ていたのではなく、時には大声をあげて感情をすなおに表現しながら能を鑑賞していたことがわかる。鑑賞者の態度も、現在とは大ちがいである。庭に入りきらない者は、木の枝に上って見たとあるので、能や田楽の音が聞こえると、近隣の人が集まってきて、鈴なりになって庶民が猿楽能や田楽を楽しんだこと、それも声を張りあげて感嘆の思いをあらわしつつ楽しんでいたことが知られるのである。

演者たちには、伏見宮家から馬、太刀が、公家から狩衣や直垂が、僧からは袈裟が投げ与えられている。いわゆる纏頭物（かずけもの）である。先述の紀河原の勧進猿楽では御服や小袖が初日だけで

八十三、二日目には小袖だけで九十一、三日目にも六十三が与えられ、三日間とも演能後観世大夫に一万疋（びき）が遣（つかわ）されている。一日の観世大夫の賜金は、大名大内氏の正月の将軍家への献金に匹敵する大きな額である。猿楽能の名手達が、どれだけ当時の人々に高い評価を受けていたかがわかる。

「糺河原勧進猿楽」の意義

糺河原勧進猿楽で注目したいことは、御台富子の従者についてである。『糺河原勧進申楽記』には「上様御中間五拾人も直垂、もんはくゐ也、公方様御小者六人、すはふはこうまき、色々けつこう（結構）なり」とあり、それぞれ御台と公方の従者の衣装の様子とそのすばらしさをのべている。私が注目したいのは衣装ではなく、この従者の数である。義政は小者（こもの）六人を従えただけであったが、御台は五十人もの中間（ちゅうげん）をひきつれて来ていることに注意したい。「御中間」と表現されていることから、御台につき従った中間であることがわかる。この中間たちは、公方の用をつとめたり、御台の用をつとめたり、時によってどちらの用も勤仕したのかもしれないが、五十人もの中間が将軍家に抱えられており、彼らとは別に「小者」がいたことがわかる。

とすると五十人六十人という雑用をつとめる男性を、寛正ごろの将軍家は抱えていたことになる。文安の田楽能の時、伏見宮家などとともに、「供奉女中（ぐぶのじょちゅう）」六名もいっしょに能を見物していることからみて、これは伏見宮家に仕える女房であろうが、糺河原にも、将軍や御台に仕える「女中」（女房衆）の参加もあったと見て当然であろう。『糺河原勧進申楽記』には上様富子の他には伊勢守の母、伊勢守の「御女中」（妻）以外女性の名は登場しないが、中間五十人に匹敵するくらいの女房衆が、普段御台のまわりにはいたであろうと推測することは可能であろう。のちに御台と義政、義尚が構成する将軍家には、中間、小者という男性の家来が多数抱えられていたのと同時に、多くの女房衆が抱えられ、男女共に将軍家の家来として、封建的主従関係のなかに包摂されていたといえよう。

糺河原の勧進猿楽が右のような内容をもって興行されたことは、寛正の大飢饉の終了を宣言し、将軍家の威信を天下に示したという文化史的意義にとどまらず、富子にとって御台としての地位に磐石の重みを与えたと考えられる。将軍家の正母重子の死の翌年に行われたこの勧進猿楽は、重子の追善供養の意味をも含んでいたであろうし、何よりも富子が御台として将軍家の家政を司る最高責任者となったこと、世代の交替を世間にアピールする意味をもったと考える。御台所としての地位を公、武、庶民に示す重要なセレモニーとして、この勧進猿楽は三日間の大興行が行われたのである。富子の政治への登場は、糺河原勧進猿楽をもってはじまったと考える。

三　応仁の乱と将軍家

乱の原因をさぐる

応仁元年（一四六七）京都上御霊社ではじまった東西両軍の衝突は、直後の早期終結の見通しを越

吉川弘文館

新刊ご案内　2022年1月

〒113-0033・東京都文京区本郷7丁目2番8号　振替 00100-5-244（表示価格は10%税込）
電話 03-3813-9151（代表）　ＦＡＸ 03-3812-3544　http://www.yoshikawa-k.co.jp/

教科書の「あの人物」は「あの時」こんな年齢だったのか！
自分の年齢の時、偉人たちは何をしていたのだろう？

A5判・二九六頁
二二〇〇円

日本史人物〈あの時、何歳？〉事典

0歳から85歳まで、1,200人の事跡

吉川弘文館編集部編

飛鳥時代から昭和まで、日本史上の人物が、何歳の時に何をしていたのかが分かるユニークな事典。年齢を見出しに人物の事跡を解説。生没年を併記し在世も把握できる。巻末に物故一覧と人名索引を付した好事的データ集。

尋尊（じんそん）（人物叢書311）

安田次郎著

四六判・三二八頁／二五三〇円

室町時代中期の僧。幼年で興福寺大乗院に入室、のち門主となる。『大乗院寺社雑事記』などを書き残し、応仁・文明の乱や明応の政変の動向を今に伝える。時代の転換期に門跡の舵を取り、次世代に繋ぐべく尽力した生涯。

裁かれた絵師たち

五十嵐公一著

近世初期京都画壇の裏事情

二六四〇円

江戸初期、京都画壇には裁判に巻き込まれた絵師がいた。その詳細を検証し、現在の感覚とは異なる法理念や刑罰の実態に迫る。当時の法が絵師の生涯と画業に与えた影響を発見するとともに、作品理解にも役立つ注目の書。

A5判・二八〇頁

裁かれた絵師たち
近世初期京都画壇の裏事情
五十嵐公一

源氏・北条氏から鎌倉府・上杉氏をへて、小田原北条氏とつながる四〇〇年!

対立軸で読みとく"わかる"東国史

対決の東国史

全7巻 刊行開始

〈企画編集委員〉高橋秀樹・田中大喜

四六判・平均二〇〇頁 『内容案内』送呈

各二二〇〇円

源義朝の大蔵(おおくら)合戦から小田原北条氏の滅亡まで、四〇〇年に及ぶ中世の東国では、さまざまな勢力が対立・連携し戦いを繰り広げた。源頼朝と木曾義仲の相克より小田原北条氏と越後上杉氏の関東覇権争いに至る七つの「対決」に光を当て、東国がいかなる歴史過程をへて近世を迎えたのかを描く。中央政権と地域権力がからみ合い織りなす姿に迫る、新しい東国史。

●第1回配本の2冊

②北条氏と三浦氏

高橋秀樹著

有力御家人を次々と排斥した北条氏と、その唯一のライバル三浦氏、という通説は正しいのか。両者の武士団としての存在形態に留意し、『吾妻鏡』の記述を相対化する視点から検証。両氏の役割と関係に新見解を提示する。

③足利氏と新田氏

田中大喜著

南北朝時代、対等な立場で覇権を争った足利氏と新田氏。しかし鎌倉期の両者には、圧倒的な経済・政治的格差があった。力の差がありながら、なぜ対決に至ったのか。政治・抗争の過程と足利政権成立後の関係を追う。

●続刊

❶源頼朝と木曾義仲　長村祥知著

❹鎌倉公方と関東管領　植田真平著〈22年1月刊〉

❺山内上杉氏と扇谷上杉氏　木下 聡著〈22年2月刊〉

❻古河公方と小田原北条氏　阿部能久著

❼小田原北条氏と越後上杉氏　簗瀬大輔著〈22年3月刊〉

推薦します

山田邦明（愛知大学教授）　ゆうきまさみ（まんが家）

※50音順 敬称略

本シリーズの特色

◆激動する東国の中世！〝対決〟をキーワードに、各時代の代表的な〈権力〉であった二大武家をクローズアップ。約四〇〇年の歴史の流れをつかむ、最新の「わかる」東国史。

◆源義朝の大蔵合戦（一一五五年）から小田原落城（一五九〇年）まで、関東甲信越を中心に畿内（朝廷）や東北も視野に入れ、気鋭の執筆陣が近年の研究成果をふまえて平易に叙述する。

◆鎌倉公方足利氏の成立から、最後の関東管領上杉謙信までの鎌倉府の存在にも着目。上杉禅秀の乱―永享の乱―享徳の乱―川越合戦―小田原落城へと続く難解な関東戦国史の流れを示す。

◆勢力図や各家の系図など、本文理解を深める図版を多数掲載。巻末には年表を付す。

〈勢力図〉武家の都・鎌倉の争奪戦である南北朝動乱、中先代の乱から国府台合戦、越山する上杉謙信と小田原北条氏の攻防戦など、中世東国の空間が立体的に掴める。

〈各家の系図〉河内源氏・北条氏・鎌倉公方足利氏・上杉氏・古河公方足利氏・小田原北条氏と続く、関東の覇者の血脈や系統が明らかになる。

古城ファン待望の続編！　城探訪の水先案内人として最適なシリーズ！

続 東北の名城を歩く 全2冊

飯村 均・室野秀文編

A5判・平均二八四頁・原色口絵四頁／各二七五〇円　『内容案内』送呈

北東北編 青森・岩手・秋田

津軽・南部・安東・佐竹氏ら、群雄が割拠した往時を偲ばせる空堀や土塁、曲輪が訪れる者たちを魅了する。青森・岩手・秋田の三県から、名城六〇を選び、豊富な図版を交えながらわかりやすく紹介する。詳細かつ正確な解説とデータは城探訪に最適。最新の発掘調査成果に文献による裏付けを加えた、好評の〈名城を歩く〉シリーズ北東北編の続編刊行。　二七二頁

南東北編 宮城・福島・山形

伊達・蘆名・最上・蒲生・上杉氏ら、群雄が割拠した往時を偲ばせる石垣や曲輪が訪れる者を魅了する。宮城・福島・山形の三県から、名城六六を豊富な図版を交えてわかりやすく紹介。南東北編の続編。　【2刷】

好評既刊

東北の名城を歩く 各二七五〇円

北東北編 青森・岩手・秋田　【2刷】名城59を収録。

南東北編 宮城・福島・山形　【3刷】名城66を収録。

たたかう神仏の図像学 勝軍地蔵と中世社会

黒田 智著

四一八〇円

戦乱に明け暮れる中世社会。軍神たる勝軍地蔵は、いかにして誕生し、戦争と平和のあわいで変貌をとげながら、今日まで生きつづけたのか。勝軍地蔵信仰の誕生と中世的世界観を読み解き、八〇〇年の歴史的道程を辿る。

A5判・三二八頁・原色口絵四頁

歴史文化ライブラリー

●21年9月～12月発売の8冊

四六判・平均二二〇頁　全冊書き下ろし

人類誕生から現代まで／忘れられた歴史の発掘／常識への挑戦／学問の成果を誰にもわかりやすく／ハンディな造本と読みやすい活字／個性あふれる装幀

533 隠れた名君 前田利常 加賀百万石の運営手腕

木越隆三著

父利家、兄利長の後を継ぎ、前田家三代当主となった利常。彼はいかにして加賀藩の基礎を揺るぎないものとしたのか。最晩年の藩政改革「改作法」に至る政治過程を解明。「一揆の国」の近世化を達成した生涯と業績を描く。

二七二頁／一九八〇円

534 軍港都市の一五〇年 横須賀・呉・佐世保・舞鶴

上杉和央著

近代海軍が拠点を置いたことで誕生した軍港都市。鎮守府・海軍工廠があった旧軍港四市の人口・戸数の変遷や人びとの営み、交通や観光、戦後のまちづくりなどを描き、平和産業都市への生まれ変わりを見通した軍港都市史。

三〇四頁／二〇九〇円

535 六波羅探題 京を治めた北条一門

森　幸夫著

承久の乱後に京都に置かれ、西国統治に重要な役割を果たした六波羅探題。執権・連署に次ぐ重職とされた実態やいかに。朝廷や大寺社とも折衝しつつ機能を整えた変遷と、政治家の力量が問われた探題北条氏の苦闘を描く。

〈2刷〉二二四頁／一八七〇円

536 信濃国の南北朝内乱 悪党と八〇年のカオス

櫻井　彦著

約六〇年続いたとされる南北朝内乱。信濃国はさらに二〇年も長引いた。地域のなかで衝突を繰り返す悪党が全国展開した時代だが、信濃国では様相を異にしていた。当地の地域集団に光をあて、内乱長期化の要因に迫る。

二五六頁／一九八〇円

537 イヌと縄文人
狩猟の相棒、神へのイケニエ

小宮　孟著

イヌと縄文人のつきあいは約八五〇〇年前までさかのぼる。日本列島に渡来した縄文犬のルーツをたどり、埋葬されたイヌの出土状態から生活を復元。猟犬や神へのイケニエとしての役割を探り、イヌと縄文人の関係を解明。

二二四頁／一八七〇円

538 近江商人と出世払い
出世証文を読み解く

宇佐美英機著

出世払い慣行はいかに成立し定着したのか。全国的に活動した近江商人を取り上げ、残された出世証文から歴史や仕組みをひもとく。いまも事業継続する企業も多く、高い道徳観に裏打ちされた立身・出世観を解き明かす。

二八八頁／一九八〇円

539 九州戦国城郭史
大名・国衆たちの築城記

岡寺　良著

毛利・秋月・大友・島津らの覇権をめぐる合戦や領国争い、秀吉による九州平定を、城館に焦点をしぼって描く。平地の館や「陣城」にも着目。築城をめぐる彼らの目論見を読み解き、新たな九州戦国史像を明らかにする。

二九八頁／二〇九〇円

540 中世かわらけ物語
もっとも身近な日用品の考古学

中井淳史著

中世に誰もが使用した器・かわらけ。大量に出土する遺物でも、それぞれに個性があり中世社会を雄弁に語る。製法、用途、デザインの流行などを読み解き、地域や身分を超え人びとの暮らしに寄り添ってきた姿を描きだす。

三〇四頁／二〇九〇円

【好評既刊】

531 慶長遣欧使節　伊達政宗が夢見た国際外交
佐々木　徹著　二七二頁／一九八〇円

532 明暦の大火　「都市改造」という神話
岩本　馨著　二九六頁／二〇九〇円

歴史文化ライブラリー
オンデマンド版 好評発売中
品切書目の一部を、オンデマンド版に随時追加して販売中です。詳しくは『出版図書目録』または小社ホームページをご覧下さい。

読みなおす日本史

毎月１冊ずつ刊行中　四六判

呪いの都 平安京 呪詛・呪術・陰陽師

繁田信一著

二四八頁／二四二〇円（補論＝繁田信一）

貴族の陰湿な望みをかなえるために暗躍する法師陰陽師。呪詛と呪術に生きた彼らとはどのような人々だったのか。呪いあう貴族の怨念を読み解き、平安京の裏の姿を明らかにする。新たに「呪禁師」に関する補論を収載。

海の武士団 水軍と海賊のあいだ

黒嶋　敏著

二四〇頁／二四二〇円（補論＝黒嶋　敏）

中世日本の浦々には、海賊・水軍などと呼ばれナワバリを生活基盤とする〈海の勢力〉が存在した。彼らは武士の世でいかなる存在だったのか。武家政権に重用されるも、戦国乱世に巻き込まれ、やがて姿を消すまでを描く。

江戸城 将軍家の生活

村井益男著

二三八頁／二四二〇円（解説＝松尾政司）

太田道灌が築城し、徳川家康の天下普請により完成した江戸城。中世以来六度も主を変えつつ豪族館から近世城郭へ発展を遂げ、今も皇居として維持し続ける名城の八百年を平易に解説。城内の諸役所や生活も描いた名著。

沖縄からアジアが見える

比嘉政夫著

二〇〇頁／二四二〇円（解説＝渡邊欣雄）

南島の文化や民俗は、多くの人々を魅了してやまない。沖縄に生まれ育った著者が故郷に残るシーサーや爬龍船（ハーリー）競争、ミルク神などの民俗慣習を綿密に調査。沖縄文化の独自性を探り、アジア諸文化との関連を解説する。

魏志倭人伝と東アジア考古学

門田誠一著

B５判・三五二頁／一三二〇〇円

魏志倭人伝に記された倭と倭人の事物・習俗・社会を、同時代の文献・考古資料から検証。中国と周辺勢力との国際関係、編纂の史的環境、物質文化史の視点から探り、三世紀東アジアにおける相対的な位置づけを試みる。

日本古代の塩生産と流通

岸本雅敏著

B5判・二四八頁／一一〇〇〇円

モノとして遺存しない古代の塩の研究は困難である。製塩土器などの考古資料と木簡・正倉院文書などの文献史料を駆使し、律令国家による生産・流通の掌握、原始・古代における社会的意味、東西日本の差異などを究明。

古代天皇祭祀の研究

木村大樹著

A5判・三八〇頁／一二一〇〇円

大嘗祭・神今食(じんこんじき)などの天皇祭祀には、今なお不明瞭な点が多い。古代天皇祭祀の実態を神饌供進儀(しんせんきょうしんのぎ)から分析し、御体御卜(おおみまのみうら)などの周辺諸祭儀との関連を考察。現代へつながる意義を追究し、国家祭祀との二重構造論を展望する。

中世後期の京郊荘園村落

高木純一著

A5判・二八八頁／八八〇〇円

中近世移行期に村落が自立性を獲得していったとする議論は、実在の村をどこまで反映しているのか。室町期の東寺領山城国上久世荘における年貢収納のありようや武家権力との関係を検討し、移行期村落論に新知見を示す。

中世後期の村落自治形成と権力

熱田　順著

A5判・三六〇頁／一二一〇〇円

中世後期から近世にかけて、どのように村落の「自治」が形成されたのか。その経緯と背景を、和泉・紀伊・丹波の村落を事例に再検討。領主層をはじめとする上位権力と村落・地域との結び付きに焦点を当て実態に迫る。

近世公武の奥向構造

石田　俊著

A5判・二八〇頁／一〇四五〇円

近世の公家・武家社会の奥向は、いかなる役割を果たしたのか。厖大な公家史料の博捜と読解から、世継ぎの出産・養育や朝廷の意思決定への関与、それらを支える組織・制度などを分析。朝幕関係をふまえ奥向運営に迫る。

十九世紀日本の対外関係 開国という幻想の克服

上白石　実著

A5判・二九二頁／一〇四五〇円

近年、明治維新への関心が内外で高まり、十九世紀を論じる研究も盛んである。ロシア船が現れ始めた十八世紀後半から日清戦争が始まるまでの時期を対象にして、約一〇〇年かけた「自己変革の時代」の実情を考察する。

江戸城御殿の構造と儀礼の研究 空間に示される権威と秩序

深井雅海著

将軍が生活を営み、幕閣や諸役人が勤務する巨大な政庁・江戸城御殿。数々の儀式はどこで、いかに行われたのか。絵図や記録を駆使して本丸御殿の構造と機能を再現し、将軍を頂点とする序列から格式社会江戸を究明する。B5判・二八〇頁／一二一〇〇円

近世・近代の森林と地域社会

萱場真仁著

A5判・三〇四頁／一一〇〇〇円

弘前藩を事例に、領主の森林政策と領民の利用動向の実態を明らかにする。藩による林政の展開、森林利用をめぐる藩と領民の関係、近代への継承などから林政史研究に一石を投じ、今後の森林管理や活用に示唆を与える。

近代移行期の酒造業と地域社会 伊丹の酒造家小西家

飯塚一幸編

A5判・二八四頁／一〇四五〇円

現在に至るまで酒造業を営む伊丹の小西家。近世後期から第一次大戦までを対象に、近代化の荒波を乗り越えた経営を分析。金融・鉄道を通した地域への関与や、他の商家との関係など、大規模酒造家の実態に多角的に迫る。

明治日本と日清開戦 東アジア秩序構想の展開

大澤博明著

A5判・三〇〇頁／九九〇〇円

近代日本の分岐点となった日清戦争。その開戦過程を、国際的要因、日英清提携論の形成、幕末以来の外交上の道義、清との交渉の視角などから分析。東アジアの地域秩序と明治外交の考察から、日清開戦像を捉え直す。

日清・日露戦後経営と議会政治 官民調和構想の相克

伊藤陽平著

A5判・三三六頁／一一〇〇〇円

日清・日露戦後は、藩閥と政党の提携が崩れ、二大政党が誕生する。この時期の官民調和体制を、第三勢力としての吏党を重視しつつ、官民「協調」論と「一体」論の二潮流から分析。大正政変までの政界再編過程を捉え直す。

小笠原長生と天皇制軍国思想

田中宏巳著

A5判・五〇二頁／一三二〇〇円

特異な経歴で海軍中将まで昇った小笠原長生（ながなり）。日清・日露戦史の編纂、東宮御学問所での皇室との繋がり、東郷平八郎のブレーンなど、日記を中心に半生を描く。制度の上ではあり得ない秘められた活動にも触れ、実像に迫る。

日本考古学 53

日本考古学協会編集――A4判・九六頁／四四〇〇円

日本考古学年報 73（2020年度版）

日本考古学協会編集――A4判・二四〇頁／四四〇〇円

正倉院文書研究 17

正倉院文書研究会編集――B5判・一一二頁・口絵二頁／四九五〇円

鎌倉遺文研究 第48号

鎌倉遺文研究会編集――A5判・一一四頁／二二〇〇円

戦国史研究 第82号

戦国史研究会編集――A5判・五〇頁／七五〇円

交通史研究 第99号

交通史学会編集――A5判・一一〇頁／二七五〇円

浅草寺日記 第41号（補遺編1）

浅草寺史料編纂所・浅草寺日並記研究会編――A5判・八一六頁 一一〇〇〇円

日本女性史大辞典
金子幸子・黒田弘子・菅野則子・義江明子編
四六倍判
九六八頁
三〇八〇〇円

日本仏教史辞典
今泉淑夫編
四六倍判・一三〇六頁／二二〇〇〇円

事典日本の仏教
箕輪顕量編
四六判・五六〇頁／四六二〇円

神道史大辞典
薗田 稔・橋本政宣編
四六倍判・一四〇八頁／三〇八〇〇円

有識故実大辞典
鈴木敬三編
四六倍判・九一六頁／一九八〇〇円

日本民俗大辞典 上・下 （全2冊）
福田アジオ・神田より子・新谷尚紀・中込睦子・湯川洋司・渡邊欣雄編
四六倍判
上＝一〇八八頁・下＝一一九八頁／揃価四四〇〇〇円（各二二〇〇〇円）

精選 日本民俗辞典
菊判・七〇四頁
六六〇〇円

日本史「今日は何の日」事典
367日＋360日・西暦換算併記
吉川弘文館編集部編
A5判・四〇八頁／三八五〇円

年中行事大辞典
加藤友康・高埜利彦・長沢利明・山田邦明編
四六倍判
八七二頁
三〇八〇〇円

日本生活史辞典
木村茂光・安田常雄・白川部達夫・宮瀧交二著
四六倍判・八六二頁
二九七〇〇円

モノのはじまりを知る事典
生活用品と暮らしの歴史
四六判・二七二頁／二八六〇円

徳川歴代将軍事典
大石 学編
菊判・八八二頁／一四三〇〇円

江戸幕府大事典
菊判・一一六八頁／一九八〇〇円

近世藩制・藩校大事典
菊判・一一六八頁／一一〇〇〇円

●近刊

古代天皇と神祇の祭祀体系
岡田莊司著
A5判／一〇四五〇円

日本古代の外交と礼制
浜田久美子著
A5判／一一〇〇〇円

古代氏族の系図を読み解く（歴史文化ライブラリー541）
鈴木正信著
四六判／一八七〇円

変体漢文（新装版）
峰岸　明著
A5判／六六〇〇円

平家物語を読む 古典文学の世界（読みなおす日本史）
永積安明著
四六判／二四二〇円

中世奥羽の世界（新装版）
小林清治・大石直正編
四六判／三三〇〇円

鎌倉幕府はなぜ滅びたのか（歴史文化ライブラリー543）
永井　晋著
四六判／一九八〇円

永青文庫叢書 細川家文書 意見書編
熊本大学永青文庫研究センター編
A4判／二七五〇〇円

イワシとニシンの江戸時代 人と自然の関係史
武井弘一編
四六判／二六四〇円

戊辰戦争と草莽の志士 切り捨てられた者たちの軌跡
髙木俊輔著
A5判／二四二〇円

リーダーたちの日清戦争（歴史文化ライブラリー542）
佐々木雄一著
四六判／一九八〇円

近代日本の地方行政と郡制
谷口裕信著
A5判／一二一〇〇円

立憲民政党の地方組織と北海道 自由民主党への道
井上敬介著
A5判／一〇四五〇円

家と子どもの社会史 日本における後継者育成の研究
鈴木理恵編
A5判／七七〇〇円

〈洗う〉文化史 「きれい」とは何か
国立歴史民俗博物館・花王株式会社編
四六判／二四二〇円

気候適応の日本史 人新世をのりこえる視点（歴史文化ライブラリー544）
中塚　武著
四六判／一九八〇円

〈都市の歴史〉と〈首都と地域〉、2つの視点から読み解く

京都の中世史

全7巻 刊行中

四六判・平均二八〇頁・原色口絵四頁／各二九七〇円 『内容案内』送呈

企画編集委員
元木泰雄（代表）
尾下成敏・野口 実
早島大祐・美川 圭
山田邦和・山田 徹

1 摂関政治から院政へ

美川 圭
佐古愛己
辻 浩和 著

藤原氏が国政を掌握した摂関政治をへて、上皇による院政が始まる。政務のしくみや運営方法・財源などを、政治権力の転変とともに活写。寺院造営や人口増加で都市域が拡大し、平安京が〝京都〟へ変貌する胎動期を描く。（第3回配本）

既刊2冊

4 南北朝内乱と京都

山田 徹著 鎌倉幕府の滅亡後、建武政権の興亡、南北朝分立、観応の擾乱と、京都は深刻な状況が続く。全国の武士はなぜ都に駆けつけて争い、それは政治過程にいかなる影響を与えたのか。義満の権力確立までの六〇年を通観する。

6 戦国乱世の都

尾下成敏
馬部隆弘
谷 徹也 著

戦国時代、室町幕府や細川京兆家は弱体化し、都の文化人は地方へ下った。一方、洛中洛外では新しい町が形成され、豊臣・徳川のもとで巨大都市化が進む。政治・都市・文化の様相を描き、戦国乱世の都の姿を追う。

激動する〝都〟の600年！

推薦します

上横手雅敬（京都大学名誉教授）
澤田瞳子（歴史小説家）
※50音順 敬称略

続 刊

2 平氏政権と源平争乱 22年1月末発売…元木泰雄・佐伯智広・横内裕人著
3 公武政権の競合と協調……………野口 実・長村祥知・坂口太郎著
5 首都京都と室町幕府…早島大祐・吉田賢司・大田壮一郎・松永和浩著
7 変貌する中世都市京都……………………山田邦和著

えて、全国的なしかも長期の内乱へと発展するが、通説でその原因の第一に挙げられてきたのが、義政の弟義視と子義尚の将軍後継争いであった。そうしたなかで、日野勝光と富子、山名宗全は義尚方、細川勝元は義視方と色分けされ、義政の無策もまた乱が永引いた原因とされてきたが、これらがほんとうに乱の原因といえるのであろうか。富子の周辺を探るうちにさまざまな点が見えてきたので、ここでは富子の動静をさぐるとともに乱の原因の究明をしてみたいと思う。

富子は寛正六年（一四六五）十一月二十三日、細川常有邸を御産所として義尚を生んだ。同じ年の七月に生まれた阿茶（あちゃ）の子も男子であったらしい。義尚の誕生を知った守護大名や奉公衆はさっそく祝いに駆け付け、剣等を進上して喜びあった。出産時の胞衣（えな）は、伊勢伊勢守貞親の指揮で、吉方である東の方すなわち東山の小松山に運ばれ、典薬頭（くすりのかみ）が胞衣の入った壺を土中に納めて土をかけ、上に松を植える胞衣納めの儀式が慣例に則って行われている。湯始、剃髪、三夜、七夜の祝儀も盛大に行われた。いっぽう同年七月に生まれた阿茶の子の場合は、幕府の諸行事が見られないかわりに、義政自身が馬を祇園社や摂津多田院に寄進している。同じく義政の子として出生しても、義尚の出生は幕府あげての喜びのうちに出産後の諸儀式がとり行われ、阿茶の子は義政の個人的祝いとして済まされていることがわかる。この扱いの差は、母が御台であるか妾であるかにもとづくのであろう。この二人の子の出生状況を見ても妻妾間の後継者争いは起りえない秩序が室町期に形成されていたことがわかる。

ところが義視に関する問題は別である。義視は義尚誕生の三日前、十一月二十日に元服した。朝廷から従四位下をもらい、禁色も聴された。従四位下は殿上人であるが、公卿（三位以上）の地質・色・文様をつかうことを許されたわけである。以後の官位の昇進も順調になされている。とするとこの時期、次の将軍候補として義視と義尚の二人があったわけであるが、それは一種の安全装置としての配慮（義政が兄の急死により将軍の位に就いた前例もあるため）からなされたものであったといえるのではないか。

義尚は生後約一ヵ月を経て、伊勢貞親邸に移った。ここで養育される方針が固まったためであろう。富子は室町第に帰っている。伊勢氏と将軍家との関係は室町初期に貞継が政所執事となったころにはじまるが、義尚の養育を伊勢貞親が受け持つことにより、一層緊密となり、伊勢氏の隆盛の条件ともなったのである。こうして義尚の後には伊勢氏が後見役の座を占めることになった。

日野勝光

伊勢貞親とならんで乱に関するもう一人の重要な人物は日野勝光である。勝光は富子の兄であるが、日野家の一流である裏松家の養子となりその家を継いだので、系図上は別の位置に書かれることが多い。永享六年（一四三四）六歳の時に、祖父が横死し、父が出家したため、家督を継ぎ、十三歳で元服している。勝光は大きな財を集積してそれを貸与していたことで知られているが、何故か『大乗院寺社雑事記』の著者尋尊大僧正の評価は大変厳しい。「凡そ近来有徳無双の仁なり、大福長者の如し、天下の衆人これを押大臣と号す」と記し、勝光の死にあたっては「希有の神罰なり」と言い切っているのである。このような尋尊の見方を生んだのには、それなりの背景があったのである。

応仁元年四月、尋尊は父一条兼良を通じて、上司にあたる安位寺経覚を三宮に准じてほしいと願い出た。一条兼良は日野勝光にはかったところ、勝光は先例がないと答えている。勝光の拒否にあったわけである。経覚は尋尊の前任者（大乗院門跡）であり、その年七十二歳で、永享三年から寺僧の最高位としての満寺一臈をつとめた長老であった。そうした功に報いたいと、尋尊は准三宮を申請したのであろう。勝光は応仁元年二月に内大臣となったばかりで、また「南都伝奏」（奈良の大寺社の奏請を天皇に伝える役、公家がついた）もつとめていたから、正式ルートとして勝光が諮問にあずかったのである。しかし関白二条持通へ上申する以前に、勝光が実質的な拒否を言い渡したことからみて、内大臣日野勝光の権力が、関白をしのぐほどであったことが知られるのである。

勝光と大乗院の間には、このころもう一つの事件が発生している。文明元年（一四六九）十月、勝光が摂津国福原荘を賜わりたいといっているとの噂が立った。福原荘の領家は一条家で、当時ここには一条政房（一条教房の子）が逃れていた。ところが山名是豊、赤松政秀らが大内政弘と兵庫で戦った合戦の中で、一条政房は死去してしまったのである。その直後に日野勝光が福原荘を要求しているとの噂が立ったのであるから、一条兼良を父とし、教房を兄弟とする尋尊としては、聞きながすことの出来ない噂と聞こえたにちがいない。勝光自身も、子息資基の不始末で文明二年からしばらくの間御所を追われるのであるが、南都伝奏をこれによって辞めたいと申し出ても、許されていない。つまり勝光が内大臣、南都伝奏であった時の経覚の准三宮申請と、福原荘問題が、尋尊と勝光の間隙を決定的なものにしたように思われる。

勝光は、応仁の乱開始直後の六月一日、義政が義視を大将として山名持豊（宗全）を討たせるべく、武家の旗を与え、さらに治罰の綸旨を天皇から出させようとした時、これを拒んだことがある。結局この拒否にあって、旗も綸旨も義視には与えられずじまいであった。勝光が拒んだのは、一方にのみ将軍家や天皇家が加担することは、乱を大きくさせる原因になるとみたためか、山名持豊に心を寄せていたためか、理由は不明であるが、内大臣としての筋を通した事件として、記憶されてよいだろう。このことによって細川勝元は日野勝光邸を近日焼払うと公言、勝光はそれに備えて邸のまわりに堀を掘らせて備えている。

義視の動向

ところが義政は三日に旗を細川勝元に与える。これによって義政―義視―細川勝元ラインが形成されることになる。これから二ヵ月余りの間は義政は義視と手を結び、山名宗全びいきの者を、近習でも女房でも、ことごとく御所から追い出し、飯尾為数父子を殺しており、「近日上意厳密恐るべし〳〵」といわれるほど、思い切った処置を下している。後土御門天皇、後花園上皇は京中での戦乱と火災のため室町第に移り、ついで四十九歳の若さで後花園上皇は出家してしまった。義政・富子・義視の居所である室町第は、天皇・上皇を迎えることによって、逆に将軍権力の正当性を確保することができたといえよう。

いっぽう義視は八月二十三日、伊勢北畠氏のもとへと「没落」している。没落の理由は、『応仁略記』によれば、天皇と上皇を室町第に迎えているなかで、義政と義視の二人が並んでいることで、命令系統が二筋になることの不都合、それに義視は「聞き懸けに沙汰せらるる事度々におよぶ」という、不確かな情報をもとに義視の命令が頻出されることの不都合、にあったらしい。

その後義視は義政からの上京のすすめにも応じず、一年余を経て、応仁二年九月十一日に入京を果たす。ついで東軍の陣に入るのであるが、義視が義政のもとを離れたのは、伊勢貞親との反目がもっとも大きな理由であったように思える。九月に義視が入京し東軍に帰陣したのは、そのころ伊勢貞親が政務を離れていたからであった。ところが閏十月、貞親が幕府に返り咲くと、義視は再び義政のもとを離れている。このことからみて、義視ともっとも相容れないのは、義尚を養育している伊勢貞親であったのではないかと考える。

乱の原因は？

右の経過からみて、義視と義尚の後継争いを応仁の乱の原因の一つにあげるのは皮相であることがわかる。義政は義視との協調を望んでおり、義視と対立していたのは伊勢貞親であった。また武家の旗の下賜をめぐって細川勝元と日野勝光の相剋も発生した。結果的には武家の旗と綸旨を得た義政、義視、細川勝元が優位に立つが、戦乱上の優劣はこのような権威とは関係がなくなりつつあった。日野勝光が「山名引汲（山名びいき）」であったことも、応仁の乱の性格を複雑にした一因であろう。富子自身は乱の当初、義政ほど明確な態度を取っていない。しかし勝光や伊勢貞親が山名宗全と結び、義視と対立する姿を見ているうちに、その陣営に加担して義尚を後継者に立てたいという意志は次第に形成されていったものと考えられる。

伊勢貞親の家は子貞宗が継ぎ、第二子貞就は義政の猶子分として兼雅僧正の弟子となっている。このように貞就が破格の扱いを受けたのは、伊勢氏が将軍義尚などの「御父」として養育にあたったからであろう。

伊勢貞親の妻は文明四年八月五日に亡くなっている。この人の死について『大乗院寺社雑事記』は「天下大乱根元一方女房也」と記している。応仁の大乱の一原因が、伊勢貞親にあったことは、この部分によっても明瞭になろう。つまり伊勢貞親と日野勝光の動向が、乱を起こさせ長期化させた最も大きな理由であったと思われる。

富子の子供たち

富子は義政との間にさらに二人の子をもうけている。第二子は女子であり、第三子は応仁二年三月に生まれた義覚である。義覚は二歳の時、文明元年六月、政深の跡を襲って醍醐寺座主となった。政深は近衛左大臣房嗣の子息で、近衛政家の兄弟、義政の猶子であった人である。この人が座主を罷めたのは「不慮の追却」によるとあるから、本人の意志ではなかったことになる。その後に座った義覚は二歳であり、「御童形寺務初例か」と記されるほど、異例の出来事であった。義覚は飾り物の座主であったわけであるが、文明十五年（一四八三）に亡くなっている。応仁元年生まれの女子も三時智恩寺（さんじちおんじ）（入江殿）の喝食となったが、文明六年七月、わずか八歳で死去している。富子にとってはその後、義尚だけがからくも残された大切な我が子となるのである。

　後花園天皇が崩御した文明二年十二月、法会は夫妻でつとめたが、そのあと義政と富子の不和が表面化する。室町第を出て母日野苗子（みつこ）の邸（北御所）に移っていた富子が、文明三年八月に室町第に帰ると、入れ替りに義政は室町第を出て、細川勝元の新造邸に移っている。以前から二人の不和は取沙汰されていたので、細川勝元が「窮屈」だという義政の言を容れて新造邸を進呈したのである。こうして二人の不和は将軍家の分解という現象を生んだのである。

　不和の原因は室町第に同居している後土御門天皇が内々密通しているとの「口遊」があったからである。戦乱と火災で内裏が焼失、将軍家と天皇、上皇が同居しているのだから、このような噂の立つのも致し方のない事である。夫婦の不仲が、まことしやかな密通の噂を呼んだというのが事実であったのではなかろうか。このころ、不協和音は義政夫妻の間にあったばかりでなく、日野勝光と義政夫婦の間にも生じていたし、西陣にも南朝の後胤（こういん）が「新主」（新しい天皇）として迎えられていた。いわば、天皇家にも将軍家にも、廷臣の間にも、さまざまなきしみが生じていたのである。しかし文明五年のころまで、将軍家は義政・富子が揃って参内するなど、表面上きしみをつくろいつくろい、乗り切っていくことになる。

義尚将軍に

文明五年（一四七三）十二月十九日、義尚は元服し、征夷大将軍となった。義尚九歳、義政三十九歳、富子三十五歳である。あまりに若い将軍家であったため、義尚が十五歳になるまでは義政が代わりに将軍家御判御教書などを出す、新将軍には事ごとに日野勝光が指南する、という了解が生まれている。したがって文明五年に義尚政権が誕生したといっても、重事は義政が執政する体制は続いており、その陰で、勝光が義尚を支え、教育することに専念するというスタイルに変わったことになる。

日野勝光が礼銭二千百貫文を畠山義就から取って、東軍（政長方）との和解を成立させようとしたのは、この時期におこったことであった。文明六年閏五月におこったこの事件は、日野勝光についての悪評の最も大きな根拠とされており、事実「一向内府所行也」と『大乗院寺社雑事記』に記されているので、勝光のやったことであることにまちがいはないだろうが、当時の勝光の立場からみて、弁解の余地はあると思う。東西両陣のトップである山名宗全、細川勝元は前年文明五年にあいついで亡くなっており、右に見たように新しく将軍となった義尚の指南役であった勝光に、政権安定の鍵は握られていたのである。

それに、勝光は重事をひきつづき執行する義政と新将軍への取り次ぎの地位にあり、「公方向」のことはどんなことでも「現銭（げんせん）」を出せば取りつぐという噂も立っていた。取り次ぎの方法には賛成できないが、大乱収拾の道を、勝光なりの方法で探った結果、表面化した事件であったと評することはできよう。義尚元服後、管領は畠山政長の手に渡っていた。そのため勝光は義就と政長を和解させる好機とみ、そのことによって義尚政権の出発を安全な場面として立てなおしたかったのではなかろうか。

富子の執政いよいよはじまる

日野富子が御台、義尚生母として政治に登場するのは、兄である勝光が文明八年（一四七六）六月に死去してからである。義尚の「指南」役は伊勢氏や生母富子らによってひろく担われることになった。文明五年に義政夫妻の不和が表面化して以来、義政と義尚・富子とは基本的に居所を別にしており、文明七年ごろは義政は小川第に、富子・義尚は室町第にいる。政権の中心は将軍御所である室町第にあるべきだというのが当時の認識であったから、年少の義尚の姿に重なるように富子が政治の舞台に登場するのは、きわめて自然であったと考えられる。

富子がはじめに行なったことは、義尚の正室を決めることであった。富子は関白二条持通（もちみち）の娘に着目し、将来将軍の御台とする目的で、この娘を自分の猶子にしている。この人の母は細川下野入道の娘であるという。とすると公家武家の両方を将軍家の味方に引き入れるのに都合のよい位置にある娘であったことがわかる。大乗院尋尊は「二条家門繁昌の基、神慮の至り也」と喜んでいる。

富子が義尚の生母として将軍家の中で主として担当したのは、朝廷との折衝であったと思う。それを円滑に行うために、常日頃から献金や献品に心掛けているふしがみられる。参内して酒饌を献ずることはたびたび記録に残されている。節季ごとの献金、献納以外に、文明八年（一四七六）三月八日には、一万疋（百貫文）を禁裏番衆（禁裏の護衛にあたった人々）に献金している。この一万疋は天皇の側近で警固する御前衆十五人に各三百疋、家柄の一段低い外様番衆二十四人に各二百疋ずつ配分して下行されている。公家の甘露寺親長は「不慮の恩波也」として、富子からの献金に大喜びであった。こうした献金は、応仁の乱で家財を失った公家にとって、大きな援助と受け取られたであろう。

内裏の修造や新居の提供についても富子は努力を惜しまなかった。たとえば文明八年九月、義政と富子は土御門内裏の中の御学問所の庭を修造させており、武家奉行として杉原伊賀守賢盛と隅山備中守貞隆の二人を命じ、作庭は善阿弥にやらせている。杉原賢盛は日野家の家礼であるから、富子の息のかかった人物を中心にこの作庭が指揮されて造立されたことがわかる。

さまざまな富子の気配り

作庭、修造など天皇家に献金、奉仕する一方、富子はそうした機会をとらえて、母苗子の叙品を執り申すなど、近親者の位階の上昇に気を配ることを忘れなかった。作庭の直後、天皇からは苗子の叙品を許可するとの答えがあり、九月十七日従三位に叙せられている。これによって、それまで「北小路殿」「北小路禅尼」と呼ばれていたこの人は、三位という高位に昇ったのでその位にふさわしい名前として「苗子」の名が付けられたのである。

料金受取人払郵便

本郷局承認

5197

差出有効期間
2024年1月
31日まで

郵便はがき

113-8790

東京都文京区本郷7丁目2番8号

吉川弘文館 行

愛読者カード

本書をお買い上げいただきまして、まことにありがとうございました。このハガキを、小社へのご意見またはご注文にご利用下さい。

お買上**書名**

＊本書に関するご感想、ご批判をお聞かせ下さい。

＊出版を希望するテーマ・執筆者名をお聞かせ下さい。

お買上
書店名　　区市町　　書店

◆新刊情報はホームページで　http://www.yoshikawa-k.co.jp/

◆ご注文、ご意見については　E-mail:sales@yoshikawa-k.co.jp

ふりがな ご氏名	年齢　　歳　男・女
〒□□□-□□□□ ご住所	電話
ご職業	所属学会等
ご購読 新聞名	ご購読 雑誌名

今後、吉川弘文館の「新刊案内」等をお送りいたします(年に数回を予定)。
ご承諾いただける方は右の□の中に✓をご記入ください。　□

注 文 書

月　日

書　名	定　価	部　数
	円	部
	円	部
	円	部
	円	部
	円	部

配本は、○印を付けた方法にして下さい。

イ. 下記書店へ配本して下さい。
(直接書店にお渡し下さい)

(書店・取次帖合印)

書店様へ＝書店帖合印を捺印下さい。

ロ. 直接送本して下さい。

代金(書籍代＋送料・代引手数料)は、お届けの際に現品と引換えにお支払下さい。送料・代引手数料は、1回のお届けごとに500円です(いずれも税込)。

＊お急ぎのご注文には電話、FAXをご利用ください。
電話 03−3813−9151(代)
FAX 03−3812−3544

（ご注意）

・この用紙は、機械で処理しますので、金額を記入する際は、枠内にはっきりと記入してください。また、本票を汚したり、折り曲げたりしないでください。

・この用紙は、ゆうちょ銀行又は郵便局の払込機能付きＡＴＭでもご利用いただけます。

・この払込書を、ゆうちょ銀行又は郵便局の渉外員にお預けになるときは、引換えに預り証を必ずお受け取りください。

・ご依頼人様からご提出いただきました払込書に記載されたおところ、おなまえ等は、加入者様に通知されます。

・この受領証は、払込みの証拠となるものですから大切に保管してください。

収入印紙
課税相当額以上
貼　　　付

印

この用紙で「本郷」年間購読のお申し込みができます。

◆この申込票に必要事項をご記入の上、記載金額を添えて郵便局でお払込み下さい。

◆「本郷」のご送金は、４年分までとさせて頂きます。

※お客様のご都合で解約される場合は、ご返金いたしかねます。ご了承下さい。

この用紙で書籍のご注文ができます。

◆この申込票の通信欄にご注文の書籍をご記入の上、書籍代金（本体価格＋消費税）に荷造送料を加えた金額をお払込み下さい。

◆荷造送料は、ご注文１回の配送につき500円です。

◆キャンセルやご入金が重複した際のご返金は、送料・手数料を差し引かせて頂く場合があります。

◆入金確認まで約７日かかります。ご了承下さい。

※領収証は改めてお送りいたしませんので、予めご了承下さい。

お問い合わせ　〒113-0033・東京都文京区本郷７―２―８
吉川弘文館　営業部
電話03-3813-9151　FAX03-3812-3544

この場所には、何も記載しないでください。

払込取扱票

02 東京

通常払込料金加入者負担

口座記号番号　00100-5-244

金額　千 百 十 万 千 百 十 円 ※

加入者名　株式会社 吉川弘文館

料金

備考

各票の※印欄は、ご依頼人において記載してください。

ご依頼人・通信欄

フリガナ

※お名前

郵便番号　　電話

※ご住所

※

〈この用紙で書籍代金ご入金のお客様へ〉
代金引換便、ネット通販ご購入後のご入金の重複が増えておりますので、ご注意ください。

◆「本郷」購読を希望します

購読開始　　号より

1年 1000円（6冊）　3年 2800円（18冊）
2年 2000円（12冊）　4年 3600円（24冊）
（ご希望の購読期間に○印をお付け下さい）

日附印

裏面の注意事項をお読みください。（ゆうちょ銀行）（承認番号東第53889号）

これより下部には何も記入しないでください。

切り取らないでお出しください。

記載事項を訂正した場合は、その箇所に訂正印を押してください。

振替払込請求書兼受領証

口座記号番号　00100-5-244　通常払込料金加入者負担

加入者名　株式会社 吉川弘文館

金額　千 百 十 万 千 百 十 円 ※

ご依頼人　おなまえ ※　　様

料金

日附印

備考

この受領証は、大切に保管してください。

天皇に居所を提供したのも富子であった。応仁の乱で内裏が炎上したため後土御門天皇は室町第に入り、将軍家とともに住んでいたことは前述した。その室町第が文明八年十一月に、裏辻の小家（土倉であったともいわれる）からの失火で、焼け落ちてしまう。天皇は駕輿（かよ）に乗り、義政のいる小川第に避難したが、手狭であったので、北小路三位禅尼苗子の居所である北御所に移っている。北御所は「御台御私所也」と『親長卿記』には書かれているので、御台富子の持ち物であったが、当時苗子が住んでいたということであろう。これも室町通の二町ばかり北の十一年の火事で天皇の御物や累代の器が焼失し、義政、富子の財産も同じく残らず焼失した。近隣に及んだこの火事で飯尾清房が焼死し、公家の家も多く炎上している。天皇家、将軍家双方に大きな被害をもたらした火災の直後に、天皇家の居所として自らの資金で建てた苗子の屋敷を提供したのは、富子の意志によるとしか考えられない。

十一年のこの火災により、天皇は日野政資邸に、義政は小川第に、富子は小川新第に、義尚は伊勢邸にと分散居住するかたちとなった。苗子もその邸宅を翌年正式に献上し、小川第に移っている。したがって文明八年十一月の室町第の火災は、室町第の造営の必要性を一層増したことがわかる。そのために幕府は造営段銭を課すこととなる。

「公武上下昼夜大酒」という公家武家の退廃ぶり、「明日出仕之一衣も酒手下行」「奉公方の者共は、当年中に無為の儀これなくば、各々逐電すべき支度」をしているという、公武の窮乏と厭戦気分の蔓延は、応仁の乱の延引で説明されることが多かったが、直接的には文明八年十一月の室町第を中心とした火災で、天皇家、将軍家、公家、武家が多く被災し、そのあとの再建の負担が重くのしかかってきたことが原因であったといえる。公家の窮乏と退廃、厭戦気分のひろがりを記すこの記事は、火災の翌年七月二十九日に記されたものであるからである。先年御庭づくりの武家奉行に任命された杉原賢盛ですら、着衣がないので奉公出仕ができないというありさまとなったのである。

ところがこのような公武の窮乏と退廃のなかで、富子のもとには多くの料足（りょうそく）（銭貨）が集まっていたと『大乗院寺社雑事記』は記している。次にこの点の検討に入ろう。

富子の料足集積

富子についての悪評の最たるものは、江戸時代以後の戯作に出現する「守銭奴」などというものであった。そうした評価の出てくる根拠は、応仁の乱で公武が疲弊しているときに、多くの財を集め、それればかりでなく公武に貸し与えているといわれた点、米蔵をたてて米商売をはじめようとしていたといわれた点に求められてきた。こうした事実は存在したのであろうか。存在したとすれば、その結果として「守銭奴」などと評価するのは正しい見方であったのであろうか。これが問題である。

銭貨の集積と貸与の根拠は『大乗院寺社雑事記』の記事にある。文明九年七月二十九日条には「一天下の料足は此御方に之（これ）有る様に見畢（おわ）んぬ」とあり、「御台一天御計いの間、料足共其（その）数を知らず御所持」と記す。天下の料足は富子の手に集まっていると思えるほど、当時富子が大きな銭貨を集めていたのは事実であろう。しかしこの表現は、公武の疲弊を記す右述の記載と対になっていることは注意を要する。戦乱と前年の火災によって大きな打撃を将軍家以下公武は被っていたのであり、富子の所持する銭貨がいやが上にも大きく衆人の目に映ったのではないか。北小路邸まで火災が及ばず、天皇の御所にこの邸を提供したことも、富子の財の残り方の大きさを認識させることになったと考える。

料足の集積について考えておかねばならない点がもう一つある。それは尋尊も正しく認識しているように、「御台一天御計の間」つまり御台富子が政治を執っているが故に、料足がここに集まったという点である。この時代、義尚将軍と義政との間に権限の分掌がなされており、義政と富子の間でも脇田晴子が指摘する如く「大事は義政、小事は富子」の分担があったことは事実である。しかし義政は酒におぼれ、政権への熱意はこのころ喪失していたとも見られ、実質上は富子の意志で政治が執り行われていた。この実質を知った上での尋尊の評価が、右の表現となってあらわれたといえる。特に天皇家との良好な関係を自らの才覚で推し進めている富子の姿は、将軍家の中での健全な成人として多くの人の目に、「一天御計」と映ったであろう。当時御台富子が執政者であったが故に、多くの財がおのずと富子のもとに集まってきたと理解できる。

米商売を計画?

次に米蔵をたて、米商売をしようとしていたと評された事態について考えてみよう。原文は『大乗院寺社雑事記』の「近日又米倉事被仰付之、可有御商由御支度、大儀之米共也云々」である。米商売をするために、米倉の事を仰せつけられたとの噂が流布していたことがわかる。もしこの噂が実現されたならば、『雑事記』など当時の僧や公家の日記に、何らかの痕跡が残っているはずであるが、それは何もない。とすれば米商売を行おうと御台が準備するために米蔵をたてたというのは、噂のみで終った可能性が大であると思う。この部分もまた「御台一天御計」のあとに続くから、富子の意図が戦乱中の米の確保にあったということであるかもしれない。それは天皇家以下の支配階級をまた被支配階級を、為政者の立場から守っていくための、「御計」の一手段としての米蔵処置であったかもしれないのである。食糧確保をめざした米蔵設置令であったとも考えられることを述べておきたい。

ところで室町期の京都には二ヵ所に米座があった。三条室町と七条である。二ヵ所もの米商いの場があったということは、京都で取引きされる米がいかに多量に上ったかを示すものである。この米座で販売独占権を獲得していたのが四府駕輿丁座(しふかよちょうざ)中の米座である。四府駕輿丁座はもともと天皇の鳳(ほう)輦(れん)をかつぐ駕輿丁(かよちょう)の座で、四府すなわち左右近衛府と左右兵衛府に所属していたので、この名が生まれたのである。駕輿丁は天皇の鳳輦をかつぐ仕事に対する反対給付として、臨時雑役免除の特権を付与されていた。そのため室町期には、特権目当てに、多くの人が座に加わり、大きな座にふくれ上がる。座自体、本来の仕事以外に多くの職種に手を広げ、商業の座として性格変化を遂げている。販売品目は米のほか、鳥、絹、錦、組物、呉服、帷(かたびら)、古鉄、鋤柄におよび、これらの品物の専売権を獲得、馬、銅、材木、竹などの営業権や課役免除の権限を獲得した。このように高級品から日用品や建築用材にいたるまで、幅広く専売権や営業権を確立して、一大商業組織に成長したのが、室町期の四府駕輿丁座であった。特にこの座は主食の米を扱ったため、室町期の経済の動向とは密接にかかわることになったのである。

永享十年（一四三八）ごろ、四府駕輿丁座の米商人は百二十余人に上っている。彼らは、大炊寮（おおいりょう）（宮内省に属する役所で食料のことを掌（つかさど）った）から課された税としての米穀課役家別一貫文を、たった二十貫文で請切っている。百二十余人の座商人という数からみて、百二十貫文課されてもおかしくないところを、二十貫文で請切ったわけである。それほどの力量を持っていた。その彼らが米の専売権を得て、三条と七条の米座で米を商っていたのであるから、当時の京都の米価はこの百二十余人に握られていたといっても過言ではなかろう。

米座は奈良にもあり、南市、中市と呼ばれていた。また伊勢国山田八日市、今川氏の領国駿河国の今宿にも、米座や米売の座が成立する。このような米座の配置からみて、京都の米座の扱った米は、奈良に米市があったことから推して、南方から来るものは少なく、東海北陸筋や西国の米が主流で、瀬戸内海を船で運び淀川を遡っての海上交通や、北陸東海方面の陸路を使っての年貢米輸送が、主であったと考えられる。

室町期には将軍家のみならず守護も在京原則のため家臣共々京に住んでおり、また荘園領主の多くが京都に住んでいたから、奉公衆（ほうこうしゅう）やその家臣、家司（けいし）たちの消費分を含めて、莫大な量の米が京都で消費されたと思われる。したがって三条と七条の米座の扱う米の量は大きなものであり、彼らの動向がまた幕府経済や政治動向に直接はねかえってもくるのである。富子が米蔵をたて、米商売をする準備をしていたといわれたのは、こうした経済のしくみと政治のかかわりを、富子自身がよく知っていたからなのであろう。

さかんな買米

もう一つ重要な点は、米が年貢米としての役割を果たしていたことはいうまでもなく、商品として売買されていたという点である。荘園領主は室町期より年貢米だけでは自家消費米が不足したため、米座で買ったり、または荘園のある地方で安い米をわざわざ買って、京都に運ばせている。荘園領主層もまた米価には敏感にならざるをえなかった。富子のみが米に関心を示していたのではない。

特に応仁の乱勃発以後は、荘園からの年貢米が少なくなり、荘園領主は所領すら失うことにもなった。乱前よりさらに買米に頼らなければならなくなったわけである。こうした状況に置かれた荘園領主層にとって、御台の米商売準備は、脅威と感じられ疑いの目で見られたのではないかと思う。

ここで、日野家に関する興味深い史料を示そう。米蔵をたてる準備をしていたとの噂の流れた文明十年ごろ、京中にある日野氏の所領中に、四条町と六角町があることが、『蜷川家文書』からわかるのである。四条町の所領は東が室町、西が西洞院、北は錦小路、南は綾小路に囲まれた十二町の地である。この部分は、四条大路を取り囲む、もっともにぎやかな商工業者の居住区である。現在に残る祇園祭のさい、この地域から出る鉾や山は、他を圧倒して多い。函谷鉾、菊水鉾、鶏鉾、船鉾などがここから巡行にくり出す。室町期にもっとも繁華な、町衆居住区が、日野氏の所領であったわけである。この点もまた、御台富子の経済感覚の鋭どさと、大いに関係があるものと思われる。この四条町十二町や、六角町八町の検断権（警察・裁判権）は、領主である日野家が行使することが、幕府から保証されている。このことから、日野家はこの地の領主として、町衆と密接な関係を持っていたことが推測されるのである。

つまり、日野氏は公家ではあるが、京中の経済や商工業者の生活に関心を持たざるをえない立場にあったことがわかる。日野家はこのほか、日野家の家礼（けらい）（雑掌や奉行）が公家、武家、町の人々に金を貸し付けていることが、『賦引付（くばりひきつけ）』等の史料類から判明している。米商売を含む室町期の経済活動に、積極的対応を試みた公家が日野家であったといえるのである。日野家に育った富子に、京中経済への強い関心が育まれたとしても何の不思議もない。それどころか御台となった富子には、京中経済の混乱を何とかしなければならないという責任感も生じたにちがいない。米蔵設置、米商売準備は、日野家の四条町・六角町領有、日野家自身の経済への積極的対応の家風、御台としての立場からの責任感、などが重なりあって生み出された現象であったと考えられる。

さらに付け加えれば、米蔵のことは「近日又米倉事被仰付之、可有御商由御支度、大儀之米共也云々」と原文にはあり（傍点筆者）、大乗院尋尊が聞き伝えたことであった。米蔵の事を富子が命じたのが事実であったとしても、それが食糧備蓄のためか、米商売をはじめる準備のためなのか確証は得られない。また、現実に米蔵が立てられたのなら、あるいは米商売を御台が行うという事態が生じたならば、それを示す史料の一端が残っていてもおかしくはない。ところがこれらの事実を示す記録は右の記述以外残存していない。米蔵設置、米商売準備は、当時のうわさであった可能性が高い。しかしこのようなうわさが広がるほど、文明九年ごろの経済と政治は、御台富子の手にしっかりと握られていたことが、逆に照らし出されると思う。

富子の政治姿勢

御台富子と銭貨にまつわる問題で、避けて通ることができないのは、畠山義統（よしむね）に対する一千貫の貸付である。『大乗院寺社雑事記』には、米蔵米商売に続く部分に「畠山左衛門佐先日千貫借用申」と借用という断定的な書き方をされて登場する。西軍の畠山義就は、千貫貸付が記された七月末から約二ヵ月後の九月に、兵を収めて河内に下った。義就の軍勢は京都から引きあげたのである。河内では政長方と激しい戦いを続ける。千貫を借用した畠山義統は、十一月十一日、西軍の部将大内政弘の帰国と歩調を合わせて、自第を焼き下国している。この火災で仙洞御所などが焼け、義視は土岐成頼（ときしげより）を頼って美濃に下っていった。こうして応仁の乱は急速に終結に向かって展開した。このような経過を見ると、畠山義統への千貫は、戦費として御台が貸し出したというよりも、和平工作として提供されたものという意味あいが濃いように思える。千貫は実質上貸与ではなく給与であったかもしれない。重要なことは、富子の千貫貸与が、乱の終結に大きな役割を果たしたことが推測される点である。富子は、和平をはかるべき将軍家の一員として、また当時実権を掌握している御台所として、和平をはかったのであり、むしろその方法としては給与よりも貸付という健全な方法を選んだと考える。

応仁の乱が終った直後、その真の原因について、尋尊は回想風に次のように述べている。「将軍准三后の近臣共、当座の折紙礼物をもって、毎々申沙汰す故、我も我もと申沙汰す故、昨日の成敗は今日之を改められ、今朝の御下知は今夕又相替る故、諸人安堵の思いなしと云々。」つまり義政と義尚に仕える近臣たちが礼物を差し出し、我も我もと自分の意志を通そうとしたので、両方からさまざまな命令が出て、朝令暮改の様相を呈したとあるのである。乱がおこり長期化した原因が近臣の側にもあり、彼らが礼物を献じて金銭まみれの政治が続いたことが指摘されている。乱継続中には、このように日野勝光や御台にのみ金権体質が見られたのでなく、近臣の間に広く金銭によって政治を動かす体質が再生産され続けていたことがわかる。

富子は応仁の乱終結に、自らの富を利用して大きく貢献した。それは近臣達を含めた金権政治の中での貢献であり、方法はほめられたことではないが、一方では御台として和平をはかる立場にいたことからの施策であったと考えられる。文明六年から九年の乱終結のころまでは、富子が御台として政治においても経済においても最も力量を発揮した時代であったといえよう。富子の政治姿勢は、天皇家をはじめとする公家階級と、武家階級の、両方の存続をはかる点にあった。米蔵設置問題、千貫貸与問題などはいずれも右の政治姿勢から出たものであったと思う。

四　乱後の御台

義政への取次の実例

応仁の乱が文明九年一応の終結をむかえたあと、富子にはどのような役割が待っていたのであろうか。政治は再び義政中心に動きはじめ、義政は義視と和睦、乱後の室町第修造や内裏修造の課題に向かわざるをえなくなる。一方義尚のもとにも大館、大和、伊勢氏らの奉公衆（ほうこうしゅう）が集まり、文明十一年ごろから十五歳になった義尚を中心に新しい権力機構が姿を見せる。このような時代になると、富子の政治への参加は一歩後退し、将軍家義政への取次が主たる役割になったと考えられる。しかし一方では天皇家に対する将軍家の家外交は、依然、富子の握るところであった。

富子の取次がどのようになされていたかを見よう。西軍の中心的存在として乱の動向を左右した大内政弘は、乱後の文明十一年七月、亡父教弘（寛正六年九月三日卒）に従三位を贈ってもらいたいと、運動をはじめた。禅閤（ぜんこう）一条兼良を通じて贈位を望んだが、武家の執奏がないとだめだと断られた。そのため大内氏は富子から義政に頼んでもらうという方法をとった。しかし義政は武家に三位を与えた先例はないと返答したという。教弘に従三位が追贈されるのは、この後文明十八年六月まで待たねばならなかった。この事件から、武家の官位の執奏は将軍家の中でも准三宮義政が行う立場にあり、そのお膳立てを御台がなしていることが知られる。「御台様准后に直ちに御申之処」「重ねて申さるべきか」とあるように、富子が守護大名からの要求をてきぱきと、しかも強く義政に取り次いでいる様子がわかる。

同年七月、因幡国で山名豊氏が森二郎と戦っていたため、豊氏に合力したいと山名政豊が下向を願い出た。当時政豊は但馬守護であったので、同族次郎、七郎や垣屋などの重臣を連れて京都から但馬へ帰り、態勢を整えて豊氏に合力するつもりであった。下国を留めようと、幕府は伊勢貞宗、布施英基、松田貞康等を遣わして慰留につとめ、また公方（将軍）の御内書（ごないしょ）を細川政元の母のもとに遣して思い止まるよう説得しようとしている。その上で、御台富子が山名館を訪れ、下向を止めるようのべ、因幡、伯耆両国の知行地を与えるという条件を出している。但しこれには別のうわさも流れたようで、『大乗院寺社雑事記』は「山名ハ下国の事御台より御留め之在り、その替に但馬国本所領共悉く以って山名に之を給うと云々」と記している。つまり御台は但馬国の本所領をすべて与えるという交換条件を出したというのである。真相はどちらか判然としないが、御台が山名政豊の慰留に乗り出したことは事実である。結局山名氏は閏九月に「男女悉く」下国することになるが、御台がこうした説得工作に積極的に動いていることがわかる。

朝倉氏の領国での斯波氏との対立といい、朝倉氏の公領押領といい、また山名政豊の下国といい、応仁の乱が地方へ波及し拡大したことを示す事象であるが、こうした動向が生じた時に、乱後の幕府維持のために御台が積極的に行動しているさまが知られる。このような行動が可能であったのは、御台富子が、義政への取次を行う立場にあったことの反映であると考えられる。但し富子は単なる取次に甘んじるのではなく、山名に所領を与える条件を出すなど将軍家の一員として和平維持のために、自らの御台としての地位を活用できる立場にもいたのである。

天皇、譲位をほのめかす

文明十年（一四七八）三月二十八日、後土御門天皇は譲位する意志を廷臣甘露寺親長など三人に伝えた。年来の希望であり、武家から慰留されたので思い留まっていたが、堪忍にも限度がある、というのである。譲位決心の直接のきっかけは天皇の妹真乗寺宮の入院（寺入り）費用がない点にあった。合力しましょうと御台は執り成してくれたが、禁裏御料所からはこのころ一向年貢が上納されず、また御台と義政も仲が悪い、等々さまざまな理由があげたてられた。ところがこの事件は四月十九日に一転解決に向かう。真乗寺宮はめでたく景愛寺（尼寺）に住持として入院した。その日の日記に広橋兼顕は「御台御方一向取り立て申さる」と記しているので、景愛寺への入院は富子の尽力によったことが明白である。そのお礼のため、兼顕は、入院の見物に来た富子のもとを訪れている。このことにより、義政に言上しても埒のあかなかった真乗寺宮の入院が実現するよう、専ら力を貸したのは御台であったことが判明する。

六月になって、土御門内裏の修理も終ったのに、まだ後土御門天皇はここに帰らず、再び譲位をいい出した。勅使は勧修寺教秀と広橋兼顕であったが、義政と富子の不和に遠慮して、すぐには披露せず、四、五日後に別々に披露した。義政からは返事がなかったが、富子は「重事であるので、直ちに准后（義政）に申し入れましょう」と返答している。譲位を天皇がいい出すのはこの時に限らず、十月にもなされている。その理由は御料所からの貢納が激減したことと、御料所の代官職について、公武の対立があったことにある。これらは義政、御台としてはどうすることもできない時代の流れであるから、天皇は何度も譲位するといい出し、義政は返答を延ばしたのであろう。

これらの天皇家との問題の処理にあたっても、御台は重事については別居中にもかかわらず、すぐさま義政に取り次ぐという明確な態度を見せている。最終決定権は義政にあったとしても、取次は御台の方からも行なっており、特に天皇家との関係修復には、富子は真乗寺宮一件に見られるように、特別の努力を傾けたと考えられる。それは、御台富子が、天皇家に対する将軍家の家外交を専ら担当していたからであろう。日常的に天皇家に物品を送ったり、小破を修理させるなどの記事がよく見られることも、これを示していよう。

富子の決裁

広橋兼顕は、義政に御内書を出してもらうために、義政の方にではなく、富子に願い出ている。御内書は浄土寺門跡の代始安堵に関するもの、東北院僧正俊円の仏地院領に関するもの、久我通博の被官人である森氏の闕所（没収地）に関する糾明問題、山科言国の所領への守護の違乱と年貢無沙汰に関するもの、小倉季継知行地への観心院の違乱糺明問題、土御門有宣の知行地への奉書に関するものの六件について必要であったという。寺社と公家に関する問題が、将軍家に持込まれていることがわかる。本来裁決権は持たないはずの寺の継目安堵（継目相続のさい所領を安堵すること）の問題まで持ち込まれているということは、幕府にこの決定権はなくとも、将軍家の寺社統轄権が確立していたことを物語る。御内書という将軍の私文書が寺社の住持に権威を付与する態勢はこの時期持続されていたのである。公家についても、武家との係争や所領安堵がやはり天皇家だけからばかりでなく、将軍家からも裁決されなければ道行かない構造になっていたことが判明する。このような状況のなかで、御台富子は、公家や寺社の問題を将軍に取り次ぐ重要な立場にいたことがわかる。

さてこの六件のうち、浄土寺門跡安堵の御内書につき、富子は「（義政）御自筆の内書は難しいと思われるから、奉行に書かせましょう」と広橋兼顕に返答、広橋は畏って受けており、富子は松田数秀にこれを申し付けた。広橋兼顕が六件を持ち込んだのは彼が当時公武の「伝奏」（公家・武家の天皇への奏請を伝える役）という地位にあったからである。それにしてもこの六件について、御台が義政に取り次ぐ前に一定の決裁をしていることがわかる。義政にまわし御内書を出すべきものはその方法を採り、奉行に奉書を出させるべき問題は奉行に直接申しつけるという判断を、自らなしていることが重要であろう。

文明九年に義政の政治が復活したが、十、十一年ごろまでは義政の後に御台富子があって、公家と寺社向の事項は富子の判断で決裁されていたといえる。それは御台が義政に対する取次を行う立場にあったからであるが、実質上は寺社・公家向のことは富子が執政を続けていたといってもよいと考える。しかし富子は義政を押しのけて専権を奮ってはいない。例えば前東大寺別当公恵（こうけい）は応仁の乱のはじめから西陣にあったが、乱が終ると帰住、内々赦免を御台に申し入れていた。御台はけしからず思っていたが「一往執り申」したところ、案の定義政は許さなかった。この場合、公恵は御台を頼って赦免されるよう工作したのであり、富子は取次の立場を優先し、自分の意見はさし置いて取り次いだわけである。しかし最終決定は義政が行なっており、御台の執政の内容は文明十、十一年ごろは公家・寺社問題の取次と一定の決裁であったことがわかる。一定の決裁とは、義政に廻して御内書を発給させるべき問題と、奉行に廻して奉書を出させる問題との仕分けという意味である。

富子の果たした家外交

取次を通して公家寺社の存続に努力し、物品や邸まで提供して天皇家の存続にも貢献している御台に対し、後土御門天皇は恩義を感じていたようである。文明十一年正月十九日、乱後ようやく世の中も落ちつきを取りもどしつつあり、幕府の的始（まとはじめ）などの行事も再興されはじめたころ、天皇は御所へ御台を呼んでいる。富子は参内せよという勅定があったのはうれしいが、にわかに参内するのは難しいと返答している。その理由は、袴がなく、下姿（かいどり）でよいとの勅免があれば参内するのだがというのである。富子が参内すれば義政も参内するだろう、そうすればこの直前に申し入れたが義政からは何の音沙汰もない禁裏御料所のことについても、何らかの返答を義政はせねばならないだろう、このような思わくが、天皇にはあったであろうと推測される。富子のこの返答に対し天皇からは「今は行宮儲御所（北小路殿に天皇は仮居している）であり、苦しからず、別勅をもって下姿といえども参内せよ」との勅定がおりた。こうして十九日に義政、富子、義尚の参内が実現している。

十九日の参内について『晴富宿禰記』は「禁裏より御台を本に御招請の故也」と記している。禁裏は御台を主賓と考えて招いたのである。御台が禁裏と将軍家の接点にあることが明白になる。禁裏は諸事御台を頼りに将軍家との関係を持続させていたことがわかる。つまり御台は将軍家のなかで天皇家との家外交を果たす主役であったといえる。

内裏造営問題

次に内裏造営問題の検討に移ろう。応仁乱中の内裏焼亡後、天皇は花御所（室町第）に移っていたが、ここも焼亡、そのため富子の母北小路苗子の邸宅である北小路邸に移っていた。ところがこの行在所もまたまた文明十一年七月に焼け、天皇は聖寿寺（安禅寺）へ一まず移り、ついで日野政資邸に臨行している。このところ天皇と将軍家義政の仲は「御不快」であった。それというのも土御門内裏はなかなか建たず、仮住まいが続く状態だったからであり、もう一つは先に見たように御料所の年貢問題などで義政に要求を出しても義政の方から答えが返ってくることすらないこともあったからであろう。天皇が還幸を急がせるための焼亡ではないかとの話すら人々の口に上っている。

天皇は何度目かの譲位を口にし、皇子勝仁や内侍所の三種の神器とともに幕府に移りたいと義政に告げたが、義政は在位のまま内侍所を他所に移すのは先例がないとして辞退している。義政の思わくは、譲位されれば仙洞造営等にまた経費がかかるから、遁世されることを望んでおり、それなら皇子の元服等は武家で沙汰しようということであったらしい。譲位をちらつかせての要望も、とうとう効果がなくなってきた。しかし内裏についてはこの段階に至っては修造に本格的に取り組むより幕府としても方法がなくなった。内裏修造のため幕府は文明十年正月、京都七口に新関をたて関料を課し、十一年棟別銭を畿内に課し、越前国には段銭を課して、四月には修造事始の儀を行なっている。総費用は一万一千余貫と見積られ、武家奉行三人が用脚（銭貨）以下の事を取り仕切り、作事奉行は毎日三人ずつが任じられている。土御門内裏は十二月に完成したものらしく、七日に天皇は還幸している。

内裏完成までの間に、何かと仮居の天皇の要望に応じたのは富子であった。新内裏の床板を見たて、料足を出したのは富子であった。また七月に日野政資邸へ一時移ったのも、義政は与らず、「上様御沙汰」つまり御台の指示によるものであった。つまり天皇家向の事項は、富子の全面的協力があればこそ円滑に進められたことがわかる。家外交を御台が、私財も投じつつ懸命につとめていたのである。

ここでもう一つ注意しておきたい点は、内裏の修造が幕府と将軍家の責任で行われている点である。費用は文明十年正月から課された京都七口関の関銭、文明十一年三月から課された棟別銭と段銭があてられ、武家奉行飯尾、布施、松田が費用の下行を行い、作事奉行も武家が任じられている。十一月には公家からも修理費が徴収されているが、大口の費用は幕府が徴収する右の課役や、大内氏など大名衆の献金で行われた。この状況から見て、当時の天皇家は幕府の支えによってかろうじて体裁を保っていたといえるが、幕府・その頂点に立つ将軍家と、天皇家の間を取り持つ最も頼りになるパイプが、御台であったのである。

乱後の外交役割

乱後の御台の外交役割は、文明十二年十二月ごろまで活発に行われていた。この十二月十三日、後土御門天皇の皇子（十七歳）は親王宣下（せんげ）を受け、勝仁（かつひと）と名づけられたが、この時の経費不足分の二万疋は、御台が立て替えている。御料所備前鳥取荘の年貢が到来するまでの間、立て替えたのである。御料所の年貢が到来するかどうかは、きわめて不確実な時代であったにもかかわらず、御台は多額の費用を立て替えている。宣下が終り、親王は小川第に渡御した。その時の八葉車なども「悉皆（しつかい）」（全部）武家より準備したという。天皇家の財政が幕府に頼らざるをえない状況がここでも見られる。小川第で義政が加冠し元服の儀が行われた。小川第でも三千疋の銭貨が富子から天皇家に進められた。

このように、富子の私財が惜しげもなく投じられることによって、天皇家と将軍家の関係は保たれ、両者の存続は可能であったのである。富子はその私財をもって、天皇家と将軍家を支配階級として存続させていたといい換えることもできよう。

関所設置と御台

ここで見ておかねばならないのは、富子に対する悪評のもう一つの出所となっている関所問題である。文明十年正月十一日、土御門内裏修造を理由に、幕府が京の七口に関所を立てたことは右に触れた。この関所は一たん撤廃されたが、七月八日にはまた設けられた。十二月に入ると、山城の国人たちは、通路を塞ぎ関所の撤廃を実力ではかると同時に、幕府に訴えている。別稿（「御台の執政と関所問題」『日本史研究』三九五号）で明らかにしたように、関所設置に反対する土民の行動は、実は関所を設置する方法と同じであった。関所の運営も、郷民を主体としてなされてきたという歴史があった。文明十年の七口関関料は毎月千匹が見込まれていたというから、その収入は莫大である。徴収されれば新たな負担として土民にのしかかってきたであろうし、旧来の関所を所持していた公家、寺社、郷民にとっても、新関設置・旧関廃止に賛成すべき根拠は薄い。そのために七口関設置は土民や公家・寺社の猛反撥を受けたわけである。

内裏修造はその後課された棟別銭・段銭・大名の献金などで文明十一年の年末に一段落するが、この造営工事と並行して、幕府は室町第造営工事も行なっていた。そのための段銭が文明十年に安芸国に課されている。よって文明十一年には両方の作事がはじまり、そのための費用が段銭や関銭として前年から広く課されていたことになる。

文明十二年二月十二日、幕府は三たび京都に関所を設ける。そのため一条—九条の間と、京郊から京中への通行が難儀となった。九月になると土一揆が蜂起する。方々で閧の声があがり、処々で火事が発生した（放火とも記されている）。土一揆は十一、十二、十三、十四日と連日蜂起したので土蔵側は防戦をあきらめ、十六日に土蔵の質物を取り出したので、諸人は競ってこれを取っている。土一揆は東寺そのほか処々で集会し、京中の土蔵に乱入し、質物を押し取ったという。土一揆は内野（内裏）辺にまで充満したという。つまり京の周辺から京に入り、口々で集会、京中の土蔵を襲ったわけである。この土蔵襲撃は「京中上下同心」して行なったとあるので、武士も公家も土民の側に味方していたことになる。京中の上下の人々は五分の一、三分の一、半分の用途で質を取り出したと『長興宿禰記』は記すが、実際には土民は五分の一やそれ以下という少額を払って質物を取り出していることも別稿で明らかにした（「御台の執政と関所問題」）。

一たんおさまっていた土一揆は、十月三日にまた蜂起した。今回は七口新関停止が目的であり、通路を塞ぎ、北白川辺で集会、関所を焼払っている。土民は千本辺でも騒いでおり、これは長坂新関を停止させるためであった。つまり十月になると土一揆の目標は質物取出しから新関停止へと変化したのである。九月二十七日から八条大宮に御料所関が立てられたのに対し、一揆衆は「関を上げ」つまり関所を廃止し、東西南北の新関に押し寄せて破却、「万一以後に於いて関を立て置く在所之有らば、押し寄せ放火を為すべし」とのべている。幕府が設置した関所を撤廃することは、十月段階には土一揆の共通目標になったのである。

この文明十二年の関所問題は、九月以後の土一揆の蜂起で九月十月のみがクローズアップされがちであるが、右に述べたように、文明十年から出発しており、正月の七口関設置、のち撤廃、七月にまた設置、十二年二月再び京都に関所設置という前史があったのである。それにまた、前年文明十一年に行われた造営工事が一たん終り、天皇が十二月七日土御門内裏に還幸していたこともみた。内裏が不十分ながらも一応出来上がったのにもかかわらず、また七口関が設置されたため、土一揆は土蔵を襲うとともに、関所問題を課題に上せたと考える。

文明十二年の関所について『大乗院寺社雑事記』は「修理においては有名無実」であると述べているのは、ほぼ的を射ているだろう。しかし尋尊はこの関銭について「一向御台の御物に之を成さる」と見ているのは正しいであろうか。その根拠として、先日徳政の事を申し出た時、御台が方々の領主に命じて在所在所を成敗させたため一たん騒ぎがおさまったこと、近年御台は公物を多く手にして「利銭御沙汰」に汲んでいるのでこのような処置もとったのである、の二点をあげている。徳政を要求する勢力を所の領主に処罰させるというのは、御台が義政の一歩後ろで取次を通して政治を執っていたことを示し、これは当時の富子の姿であると私も考えるので、あたっていると思う。

公物をもって利益を得るような運用をしているというのは、先述の米蔵設置問題とも関係があり、これもうなずける。富子の経済感覚の鋭どさと、御台としての責任ある立場から出たものであろう。このように根拠は二点ともうなずけるのであるが、関銭がすべて御台の御物にされるという点には飛躍があると思う。富子の財が大きく、またその私財を投じても、天皇家に対する家外交をつとめていた姿が、この臆測を生んだと考える。もし七口関関銭が御台のふところに入ったとすれば、そうした形跡があったならば、当時の公家や僧の日記に記述がないはずがないからでもある。

治罰の御判を発給

文明十一年（一四七九）閏九月、近江で多賀高忠（たかただ）と六角高頼（たかより）とが対陣している。多賀宗直（むねなお）は六角方として高忠の陣を囲み、通路を塞いだ。豊後守多賀高忠に対してはこの時奉書が出されたが、十一年九月、富子は伊勢参宮のついでに、近江を通った時、多賀宗直に対面し、高忠を治罰すべきだという「御判御墨（ごはんごぼく）」を仰せつけられたという。富子が出したのは「治罰（じばつ）」（討伐）の御判である。一たん義政の御判が出されたのに、再度奉行人奉書を与えるのは尋尊のいうように「一事両様の儀沙汰の外の事」「毎事上意正躰なし」であるが、ここでは御台が「治罰」の御判を与えていることを重視したい。文明十一年のころは、御台からも義政の「御判」が出されるほど、御台が義政の後ろで執政する姿を見せてくれるからである。両御判は義政によって書かれたのであろうが、「一事両様」と非難されたことからみても、御台が手渡した後者の御判も、御判御教書としての効力を持つものであった。つまりこの時期、御台は御判御教書を自ら書かないまでもそれを出させるほどの執政を行うことができたのである。

文明十三年正月にも、富子は七口関を立てようとし、土民が破る準備をしているので取り止めた、ということもあった。このように乱終結後、文明十二年を中心に十年から十三年にかけて、土民と、御台を中心とする幕府・将軍家との間には、関所設置をめぐりかけひきが続いていたのである。それは御台のもとに多くの料足が集まっていて、それを御台が公家や天皇家という支配階級の存続のために投じていたこと、内裏修造が一段落したあと、関銭徴収の理由が不明となったことから、関銭が内裏支援者たる御台のものになるとの見方を生じたと推測されること、御台が義政の後で、現実に執政する姿をみせていたこと、これらにもとづくものと考える。

乱後の政治は、表面上義政が執っていたが、その執政はだんだん富子の手に任せられるようになったようである。文明十三年正月のころ、公家は「当時政道御台御沙汰」と日記に記している。取次を通じて御台の守備範囲は再び広がってきたようである。このころ義政と富子は不和であり、義政は大小の事を執政しなくなっており、年中の公事はすべてストップするという状態であった。

それればかりでなく、小川第を離れようとし、年頭の参賀も受けていない。諸大名が上意を聞かず寺社本所領を押領しており、成敗しようとしても承知しないのを、義政が立腹してのことであるという。義政はこのように、再び政治に熱意を失いはじめていた。よって義政の後で取次を行い、私財を投じて家外交を行なってきた御台が、ただちに交替して前面にあらわれ、執政することになったのである。この後義政は長谷の聖護院山荘ついで浄土寺山荘へと隠居してしまうことになる。

義尚の位置

義尚が政治を行う様子をみせはじめるのは、文明十三年の三月以後である。『実隆公記』にも「今年より、大納言殿(義尚)一向世務御存知あるべし」と記されているからである。しかし義尚が執政したことを明確に記す文書は文明十三年には残っておらず、逆に義政が山城永養寺に対して敷地を安堵した文書が残ることからみても、十七歳の義尚が、この段階に至っても未だ将軍家としての姿をあらわしていないことがわかる。

着衣の上でも、義尚は眉毛を書き立烏帽子を着すという正装をやめ、眉を書かず折烏帽子を着るという異装をつづけている。そのため正装で参るべき義政邸には一向に行かないでいる。義政と義尚の間は父子不和が続いて冷え切っており、特に徳大寺公有(きみあり)の姫君をめぐる問題もあって、疎遠さは増すばかりであった。義尚の政治として見るべきものがあるとすれば、文明十三年六月に室町第の作事が再開されたことぐらいであろう。この作事も、築地の北方を赤松氏、西方を細川氏、南方を一色氏と武田氏に割り振って構築させるという方式で、作事奉行に番衆十人と布施英基、松田貞康、同数秀を任じ、総奉行に管領を任じていたが、なお本腰を入れての造営のようには見受けられない。焼失してからすでに五年が経過しているのに、である。

この年十月二十日、義政は突然小川第を出て、長谷の聖護院山荘にかくれている。その理由は、近日諸守護が寺社本所領を押領し、応仁の乱以後一向に返さず、義政の命も聞かないで雅意(がい)に任せているため、また義尚の進退も尋常ではない、けしからぬ事が多すぎるためである、というのである。隠退の背景には、富子とも永らく不和であることもあげられよう。富子は義尚とともに葛川無動寺に参籠するなど、どちらかといえば義尚に甘かったからである。成人した義尚に、これといった政治的手腕が見られないことに、義政は不満でもあったのであろう。守護大名が義政の命に従わないのは、義尚にとっても同じであろうから、これが隠退の大きな理由であったとはいえない。

義尚の為政者としてのふがいなさに、義政はがまんのならない思いを抱いたのであろう。自らの青年時代の積極的政治姿勢と対比してもいたにちがいない。義尚がはじめて長谷を訪れたのは翌年の正月である。約二ヵ月が過ぎていた。富子は細川政春を供に連れて二月十七日に義政をたずねたが、義政は対面していない。「比興の事也」と『大乗院寺社雑事記』は記している。常識では考えられないほど、父子、夫婦の不和の溝は深くなっていたのである。

義政の不可解な行動

義政の関心は山荘造営に移っていた。文明十四年（一四八二）二月から、山荘づくりを開始、東山の浄土寺山に山荘を営んでいる。山城国中の大きな荘園を所有する領主に地曳人夫を課すなどして、要脚（銭貨）と人夫を集め、建設にとりかかった。その直後、富子が義政を長谷に訪ねたが会おうともしなかったことは右に述べた。富子の訪問目的は、義尚の弟義覚の得度が翌日に迫っており、前年十月から小川第を出て長谷に隠退していた義政との関係の修復を願ってのことであったろう。しかし義政は会おうともせず、義覚の得度にも出席しなかったのである。このように義政が山荘づくりにのみ熱中し、他を顧みない状況になると、対朝廷関係を維持する責任は、ますます富子の仕事として重みを増してくる。単独で、あるいは義尚ともども参内し、折紙（目録）、黄金の舟に餅を入れたものなど趣向をこらして献上、また番衆にも酒肴を贈るなど、努力の跡を残している。勝仁親王からは返礼として盆と香筥（こうばこ）が富子に与えられている。義政、義尚の不和と義政の隠退が現実化するにつれ、対朝廷の家外交は、いつまでも御台の役割として富子が果たさねばならなかったのである。

義尚が文明十三年に政務をみはじめたといっても、これは正式に義政から公方としての権限を委譲されたわけではなかったらしい。その証拠に、文明十四年七月に、天下治世を義尚の計いとすると義政がいったという噂が流れている。政治に背を向けて長谷に隠退し、浄土寺山荘をつくってそこに移ったのに、政権は移譲しておらず、正式に入道してもいなかったのである。それどころか義政は閏七月、自筆の御内書を畠山政長に遣し、畠山義就を退治するようにと命じたりしている。諸大名が命を聞かないことを理由に、移譲するといいながら、政務に恋々としている姿を、移譲するといった後でも、見ることができるのである。

義尚の行状

ところがこれと正反対の動きが、一方で進んでいた。畠山義就の宥免を、大和の国衆越智家栄（おちいえしげ）が運動したのである。越智氏は、千余貫の料足を幕府に進納している。義尚と富子は義就に以前から好感を持っていた。父子の仲の悪さは公然の秘密であったので、畠山問題でまた乱の再現かと、世間は不安に満ちたのである。「京都今一度に滅亡すべし」との噂が立ったと『大乗院寺社雑事記』も記している。将軍家が分裂し、二所に将軍が出現したようなありさまであった。

富子の方でも、義尚に全幅の信頼を寄せていたわけではない。義尚の生活は荒れていた。文明十五年（一四八三）三月十八日の『大乗院寺社雑事記』によれば、義尚はこの年末だ内裏へ参内もせず、義政とも対面していない。昼は一日寝ており、夜は「御所中昼の如し」とあるので、昼夜逆転した生活を送っていたらしい。こんな状態では一方の公方はまともとはとてもいえないわけである。

義尚は富子とも意見があわなくなったらしく、小川第に二人で住むことをきらい、伊勢貞宗邸へ移っている。富子側からみると、義政と不仲であり、たのみの義尚も頼りにならず、その上仲違いしたとなると、近ごろとみに「御威勢なし」とみられたのも当然であろう。公方の御台あるいは公方の生母でなければ、富子の主たる立脚点はなかったことがわかる。公方としての義尚の昼夜逆転した異様な生活は、富子の失望を誘ったことであろう。義尚に失望したゆえの不和であったかもしれない。

義尚の弟三宝院義覚は文明十五年九月十六日、わずか十六歳で亡くなった。この人について「御台の愛子」であったとされるので（『大乗院寺社雑事記』）、富子の愛と期待はむしろ義尚から義覚に移っていたと推定される。亡くなったころ富子はもってのほか周章した（うろたえた）という。

小姫君を猶子に

富子は一条家など公家にもよく気配りをなし、またその娘たちの将来も考えていた。たとえば故一条兼良の娘で大乗院尋尊の妹にあたる小姫君（七歳）を、文明十四年八月に御台の猶子にしている。

娘南御所（本光院）の弟子にするためである。このことは故一条兼良が望んで申し置いたことによるとはいえ、それを確実に御台が実行していることは注目してよい。南御所は河内十七ヵ所の領主であって「天下一番の分限者」（『大乗院寺社雑事記』）であったから、この小姫君の将来は安定していることは確かである。その上これで尋尊の兄弟姉妹はみな御台の猶子となったことになり、さすが歯に衣着せぬ尋尊もこの時ばかりは「希有の果報也」と大喜びであった。

このように富子は公家の家に生まれた子女を広く猶子として、身の振り方を考えていたことがわかる。この点にも富子の御台としての役割、すなわち公家階級が戦乱の後にも立ち行くように考えるという将軍家の役割の一端の重さとともに、それを果たしている姿がうかがえるのである。政治に背を向けた両公方のかわりに、富子だけは御台として変わらず、自らの役割を果たし続けてきたが、公方が相反目している状況下では、御台の威勢そのものも、ずいぶんと減退してしまった、というのが義尚時代の富子の姿であったといえよう。

御台の伊勢参宮

富子は二度の伊勢参宮を行なっている。この参宮を通じて、御台の権限や経済力、政治機構のありさまが見えるので、ここではこのような視点から参宮を検討してみよう。

第一回目の参宮は文明十一年（一四七九）九月になされた。九月十四日、御台は参宮のために京都を発ち、二十日に帰京した。この時義政は「御見物」とあるように、同行せず、行列を見送っている。

参宮に加わったのは、義政の娘南御所、子息三宝院義覚、法香寺殿、公家では日野政資、武家では細川右馬頭政国、武田信頼、伊勢貞宗らで、それに小笠原政清、伊勢貞誠・貞泰父子、塩屋宮内少輔、陶山又次郎、坪和政為父子ら数十人が騎馬で行列し、奉行の布施英基が従った。比丘尼や女中の輿が「尽期なく」続き、お供の人夫は「数万人」といわれる大行列であった。

予め六角高頼と北畠政郷に宿所やその他の準備が命じられていた。六角氏などはこれまで将軍家の意向に必ずしも従順ではなかったことからみて、将軍の意に服さない大名を、参宮準備に巻き込むことによって、再び将軍家のもとに組織しようという意図が込められていたのではないかと思う。伊勢外宮の禰宜はこの時期欠けていたので、御台の参宮を前にして、新たに宣下するための伝奏礼物百二十貫文が徴収されることになった。このような事実を見ると、参宮が単なる物見遊山ではなく、伝奏への礼物が公家や寺社にも経済的効果をもたらすような行為であったことがわかる。

次にこの時の人夫について考えてみよう。「数万人」といわれた人夫の一部が、実際に東寺領下久世荘に課されている。下久世荘の名代から東寺にあてて、召夫か名夫かどちらでもよいから出すようにとの仰せがあったが、二人は名夫を出すが、残る三人は地下夫にしてほしいとの申状が出されている。合計五人の人夫が下久世荘に課されたが、それを名夫の中から出すのか地下夫として出すのかが折衝されているのである。名夫は一年中神役をつとめる夫だと名代が述べていることからみて、名夫がこのような臨時の夫役をつとめても、手当は出されないのに対し、地下夫には、人夫に対する夫賃が下行されたのではないかと思う。よって地下としては夫賃の出る地下夫を多く出したかったのであろう。夫賃は荘園領主の負担であったと考える。

このほか東寺は参宮の準備にあたっていたもう一人の奉行である清和泉守貞秀に対し五百疋を餞として出すことを決めている。人夫を割りあてられた地下にとって思いがけない課役であったと同時に、荘園領主にとっても時には夫賃を出し、また餞をひねり出すなど、参宮はさまざまな賦課を強制するものであったことがわかる。公家の近衛家も人夫を二人出している。ということは寺領にも公家領にも人夫がひとしく課されたことがわかる。経済的な負担がかかる点では御供の衆も例外ではない。皆自費で従ったからである。よって御供の衆には、御台より「公物」が貸し下されている。富子が資金を貸し下しているのである。しかしこの段階には、経済的、人的負担を強制しながらも、数万人の人夫を集めて、参宮が実現していることが重要であろう。将軍家の威令はまだまだ健在であり、公家や寺社の荘園から現実に大量の人夫を徴発する威令を発揮することができた。この参宮は、幕府のほころびを繕うきっかけにさえ、なされたのである。

文明十六年の参宮

御台の二度目の参宮は文明十六年（一四八四）四月に行われている。四月八日に出発、十五日に帰京している。以前の参宮と異なり、義政の見送りもなく、義尚とも不和の最中であったから、さびしいものであった。それでも御台の輿は十二丁、娘南御所の輿は八丁準備され、お供の侍衆は馬上十騎に及んだ。そのほか輿五十丁が従い、人千人が徒歩で行列したという。これは純粋に御台の威勢を示すものであろう。

この参宮のさい、興味深いのは、奉行をつとめた人物である。総奉行が布施英基であるのは、前例を踏襲してのことであろう。この人と並んで奉行をつとめたのが「松波六郎左衛門尉頼秀」である。松波氏は日野家の内者（昔からつかえる家礼・主従関係ではかなりの独自性をもつ従者）であることが、世間には明らかであった。その松波頼秀が総奉行布施英基と連署した奉書が大乗院門跡あてに届いたので、尋尊は松波氏が奉行をしていることに不審を覚え、「加判その意を得ず」と幕府に質問している。答えは、松波頼秀は「上様（御台）方奉行」である、とのことであった。この返答に尋尊が納得したらしいことは、要請された輿舁人夫四人を出していることによってわかる。納得した理由は、松波氏が当時「上様方奉行」であったことによる。つまり両奉行人の姿から、御台の公的行事の執行には、幕府の奉行とともに御台の側に居て専らその職務遂行をはかる御台奉行とがあたったことが判明する。

さらに御台奉行には、日野家という公家の内者が横すべりをして奉行となった者があったことも知られる。恒常的な機関であるかどうかは不明であるが、「上様方奉行」と呼ばれた御台奉行つまり御台の職務の執行機関が設置されている点が注目されるのである。内裏造営のために臨時に作事奉行が置かれたのと同様に、御台の参宮についても、幕府奉行と御台奉行とによって事を執行するための機関がつくられ働いていたのであり、その事実から逆に、「上様方奉行」と呼ばれる御台の執務機構の存在が見えたのである。

もう一点、先の参宮と異なる点は、人夫に対する手当である。十六年の参宮でも、輿舁人夫が南都より徴発された。十人を出すようにという奉書を公方輿舁左衛門太郎が持参したが、尋尊は文正元年の例をあげて大乗院からは四人を出すことを主張し、了承されている。この時尋尊は、人夫の粮物人別一貫文が将軍家より下されるのが前例であると述べており、実際人別一貫文が下行され、うち八百八十文を人夫に与え、百文を公方御輿舁方に渡している。百文は手数料とみられる。つまり文明十六年の参宮は、人夫費用が幕府から出されたことになる。文明十一年には不如意な御供衆に御台が資金を貸し下した例があるが、他はすべて荘園領主と荘民の負担で行われたのであった。しかし文明十六年の参宮は、幕府からの資金下行によってしか行えない状況になっていた点が異なる。それだけ幕府、将軍家の威信が以前より衰えていたことがいえよう。

五　将軍家の分解と富子の立場

近習と奉行衆の対立

義尚と義政の反目は、将軍家内部の対立にとどまらず、臣下を巻き込み大きくなっていく。義政のまわりには主として奉行衆が、義尚のまわりには近習が集まったのである。文明十七年（一四八五）五月には両者の対立が争乱となって表面化した。飯尾元連以下六十余人の剃髪などの結果を生んでいる。奉公衆（近習は多くこの中から選ばれていた）が奉行の宅を襲おうとしたのである。この結果、幕府行政に支障をきたすことは目に見えている。八月の土一揆の蜂起にも促されたのか、八月十五日、義尚は御内書を下して飯尾元連等三十三人を許した。このため還俗したものも多く、元連は公文奉行に返り咲いている。しかし奉行衆と近習（義尚近臣）の対立はその後も続き、十二月二十六日、布施英基、善十郎、その親戚である飯尾新右衛門兄弟が幕府に出仕した時、義尚の近臣などに殿中で誅されるという事件に発展した。厳しい家臣間の争いの原因は、どこにあったのであろうか。

一つは十二月になって義尚が寺領安堵を行い、守護の寺領押領停止命令を出すなど、はじめて積極的な政治姿勢を示したことにあったと考える。政治の二極分解のなかで、義尚側からようやく政治姿勢が示されたため、従来からの行政機関である奉行衆との対立が表面化したのであろう。

もう一つの原因は、土一揆蜂起にあったと考える。文明十七年八月四日に起った土一揆は山城、大和、河内の土民一揆にまたたく間に広がり、一揆方は徳政を要求し、土蔵から質物を取出し、土蔵の軍と戦った。この土一揆の特徴は、京都では「大名の被官、青侍、悪党等」が企てた一揆である点にあった。「土一揆に非ず」と『後法興院政家記』は記している。特に細川政元や勝久の被官、政之の被官三吉某などが張本人だといわれている。武家の対立が土一揆の一角に持ち込まれたものであると考えられる。十四日には細川政元が屋形の前に土一揆を集めて点検、それが終ると一揆衆は花御所（室町第）跡に集まり、およそ千人が鬨の声をあげたという（『蔭涼軒日録』）。細川勝元の嫡子政元の土一揆点検、もと室町第があったところでの土一揆の集会、いずれをとっても、京都の土一揆は、義政方と義尚方の武士の対立抗争の一端が、土一揆に持ち込まれたものと考えざるをえない。

山城国一揆おこる

南山城では、十七年八月の土一揆が、奈良の馬借の蜂起をきっかけに土一揆に発展し古市などの軍勢と戦うのを隣に見ながら、国一揆が成立、一揆の中心である国人三十六人の合議で南山城地域を独立した領域にしようという国持（くにもち）体制が生まれた。これが中世後期の農民闘争のうち、国一揆とよばれるものの代表であったことは、これまでの多くの研究史の記すところである。

その翌年三月、武家の間ではまたまた対立が再燃している。義政からも義尚からも御内書が出されて、畠山義就が赦免され、畠山政長と和睦するようにとの命が下った。しかし管領畠山政長はこれを了承せず、細川政元と手を結んで、丹波、摂津、四国の軍勢を上洛させたので、不穏な空気が洛中にみなぎった。義尚にこのことを進言したとされる正親町三条公治邸が、数百人によって襲われ、焼かれた。両所から御内書が出され和睦が命じられたのは、畠山義就が義政と義尚にその礼物として三万疋の銭と腹巻（よろい）一両をそれぞれ進上したからだといわれている。ここでも二所公方という現象が再現されていることは異常である。三条公治が義尚に申し入れたとも、義尚が義政に取りなしたとも、三条氏と伊勢氏と万松軒の口ききだとも、さまざまな噂が飛んでいる。奉公衆の面々は武装して義政のまわりに集まり、伊勢貞宗は要害を構えて備えている。

礼銭による政治

ここで注目したい点は、多額の礼銭をとって和睦を命じるという方法が、将軍家の中で復活している点である。御台が畠山義統に一千貫を貸与したことが思い出される。とすると、将軍家が和平を斡旋、多額の礼銭を取るというのは、室町期将軍家の斡旋手段として定着しており、習慣化していたことになる。大内氏から御内書のお礼として多額の礼銭が将軍家にもたらされているのも、これと関係があろう。下っては足利義昭の御内書頻発は有名であるが、和平を行うべき将軍家の立場からこれがなされたものであることがわかる。それと同時に、和平の御内書発行の裏には、こうした礼物が将軍家にもたらされるという経済的裏付けがあったことがわかる。

ところで御台の義統への和平斡旋の場合と、この場合との決定的な差違は、御台の斡旋では富子の方から一千貫が出された点である。貸付か給与かは別にしても、和平のために将軍家が乗り出すまでは同じであるが、それによって多額の礼銭を得た義政・義尚と、これを出した富子とは、正反対の姿勢をもっていたことがわかる。時期的にも富子の場合まだ将軍家に天下の富が集中しやすい時代であったというちがいはあったにしても、私財を投じて和平を計ろうとした御台の姿勢こそ評価されるべきではないだろうか。

文明年間の終りには、細川政元が義尚批判勢の中心になりつつあった。政元は小川御所（小川第）の近くに居ながら、臣下の礼を全然つくさないので、義尚は小川第を遷そうとしたという（『大乗院寺社雑事記』）。義尚と細川政元の仲が険悪になりつつあったことが示されている。

長享二年（一四八八）のころ、富子は依然として「御台」「上様」と呼ばれており、このことからもまだ義政、御台富子が政治の第一線から遠ざかっていないことが知られる。義政との別居は続いている上、義尚とも折り合わない点がさまざまに表面化したのであろうか、将軍御所を離れて五月には岩倉山荘金龍寺に滞在したりしている。義尚は長享元年九月、六角高頼征伐のため、京都から坂本に進発した。義政はといえば、長享元年十二月、東山第の会所の新造を機にここに移っている。会所は唐船料足四千貫、その他国役を徴収して建て、小川第や室町第跡、仙洞跡の石を引いて作らせたものである。将軍家の三者は、全くばらばらであった。

義尚がなぜこの時点で六角高頼征伐のために近江に出陣したのかについては、さまざまな見方があるが、設楽薫が述べるように「義尚の近江出陣は、父義政のもとを離れて独自の政務決裁の体制を形成すると同時に、奉公衆・奉行衆等の直臣団を義政から切離し、自身の権力の基盤として掌握することに最大の目的があった」（「大館尚氏(常興)略伝」『室町幕府関係引付史料の研究』一九八九年所収、なお「足利義尚政権考」『史学雑誌』九八編二号、一九八九年でも同様の見解が述べられている）とするのが妥当であると思う。荘園領主の所領を復活させるために高頼を討伐するという目的よりも、義尚政権の自立をこそ目指したものであると考える。

御台の山荘高水寺

長享元年、義尚が近江に出陣して以来、京都では将軍不在、諸将出陣のため、火が消えたようなありさまであった。義政は相国寺林光院や天龍寺香厳院に寺領の返付や安堵を行い、義政が禅宗寺院の所領安堵権を依然として握っていることを天下に明らかにしていたが、六月には病にかかり、かつての執政する姿にはもはや及ばない状態であった。御台富子は義尚の出陣を見送ったあと、岩倉山荘に住み、政治の前面からは全く退いているようすがみてとれる。

御台は九月六日高水寺に向かっている。この高水寺とは御台の山荘であった。山科の音羽郷小山にあるこの山荘に八日まで滞在した富子は、和歌二編を詠んだことが『補菴京華外集』にみえる。一編は鹿、一編は瀑を詠んだという。和歌の才にすぐれた富子が、山科音羽郷小山の美しい風景を愛したことがうかがえる。

この山荘成立の経緯についてふりかえってみよう。

高水寺がはじめて史料にみえるのは保元三年（一一五八）のことである。山科の安祥寺が寺辺田畠のことで相論した相手の一つに高水寺が登場するからである。その後高水寺の名は『山科地方古図』などに名を残すのみで、文書には登場しない。このことからみて、高水寺は保元三年以前に小山の地に建設され、古図にも書き込まれていたが、やがて寺の大部分が倒壊し、寺核のみが残存していたので、高水寺の名が永く古図に書き込まれていたものであろうと推測する（詳細は拙稿『日本中世女性史論』塙書房、一九九四年参照）。

山科七郷と高水寺

この高水寺を再建したのは富子であった。応仁・文明の乱がはじまった直後、幕府は「山城国山科小山香水寺」と「同寺領等主鷹蔵主跡」を承泰蔵主に与えていた。このことからみて、香水寺と寺領は主鷹蔵主という禅宗僧侶の所有に帰していたことになる。それがこの時、幕府から承泰蔵主に与えられたわけである。ところが承泰蔵主の使が香水寺を受け取りにやってくると、小山郷の地下人数十人が出会い、受け取りを拒み抵抗した。領主の交替に地下人が抵抗したのは、領主の交替を知らせる奉書が地下に対して出されるのではなく、山科七郷の他の領主宛に出されていたことに、理由が求められる。

山科の地には十六の郷があり、その郷が二、三郷ずつ集まって「山科七郷」を形成し、また、七郷全体で、「山科七郷惣郷」とも呼ばれていた。そしてそれぞれに郷村結合という強い村落結合が見られる点で、きわめて興味深い中世村落である。山科郷は山科七郷惣郷、個別郷の惣的結合（惣村）という二重の郷村結合が応仁二年のはじめには成立していた（前掲拙稿）。そうした郷村としてのまとまりの強い山科七郷の中にあった高水寺を、御台は再建したのである。

文明十三年（一四八二）八月、幕府は高水寺普請人夫を山科七郷に課した。奉書には「山科高水寺事、上様御建立之間」と述べられているので、高水寺再建の主体は御台で、その人夫の徴発が幕府奉書をもって行われたことがわかる。山科七郷全体では二百人の人夫が課され、それに対し七郷は九月十二日に五十二人、十五日に三十六人、十六日に三十六人、十七日に二十一人、十八日に十五人の計百六十人の人夫を勤仕した。二百人の人夫が求められたところ百六十人分の人夫を出したのだから、八割は要求通り人夫を出したことになる。つまり幕府からの普請人夫要求を、山科七郷は積極的に受け入れたことを意味する。七郷は高水寺普請に協力したのである。

ではなぜ郷民は文明十三年というこの時期、応仁・文明の乱も終り、文明十二年の徳政一揆の興奮もさめきらないこの時期に、御台の山荘建設に協力したのであろうか。文明十二年には七口関の設置反対と徳政をかかげて土一揆が京都や奈良でおこったばかりであった。なのにこの十三年は、七郷は要求された人夫の八割までを連日にわたり出すという協力ぶりをみせたのである。

その理由は二つあったと考えられる。一つは高水寺は室町期、一色氏の内者三上氏の氏寺であったことによると推測する。承泰蔵主に与えられたこの禅寺は、三上氏の氏寺でもあった。一色氏は応仁・文明の乱では西軍に味方した。応仁の乱では、山科七郷はといえば東軍に味方したという歴史を持つ。よって西軍側の地であった七郷内の高水寺を、東軍側として行動した七郷の手に取り戻す意図を含んで、建設に協力したのではないかと考える。

もう一つの理由は、御台富子の側にあったと考える。それは高水寺の建っている位置と大きな関係がある。音羽郷小山は、現在の三条街道＝東海道と奈良街道の結節点にあたる。三条街道は東西に通じている大路で、京都から山科御陵（みささぎ）を通りこの小山の地を経て近江大津へむかう中世の幹線道路である。また奈良街道は奈良から木津、南山城を経て山科大宅（おおやけ）を通りこの小山の地に至って三条街道と交わる、古代から「山背道（やましろみち）」と呼ばれた古道である。この地は古代以来の交通の結節点であった。またこの地には、山科七郷の手で文明九年ごろ、神無森（かんなしもり）に「郷中関（ごうちゅうせき）」（地下人設置の関所）をたてていた。そこで関銭を徴収してそれを郷中に三分の二、山科七郷全体の関所にかかわる領主である山科家に三分の一を配分したという輝かしい歴史も持っている。山科家自身、四宮河原に所領があり、また時々関所を立てる権利を承認されていた。山科七郷の郷中関が立てられたり、山科家の関所が何度も立てられたのは、この地の交通の結節点としての重要性がきわめて高いからである。

　この関所や街道を見おろす地点が高水寺のあった場所であることは、御台の流通に対する姿勢がその背景にあると考えざるをえない。風光明媚な場所であったことは、右述の和歌をつくったことでもうかがえるが、それだけではなく、御台がこの地を選んだことの背景には、持ち前の経済感覚の鋭どさ、室町期の流通を積極的に把握しておこうという姿勢が、ここでもうかがえると思う。小山の地に山荘をつくることによって、京の東側の流通が、しっかりと御台の視野の中に入ったといえるのではなかろうか。

郷民の思惑

右に述べたように、山科七郷の郷民側からみても、将軍家御台所の山荘づくりに協力することの意義は大きかったと考えられる。応仁の乱で東軍方に味方した七郷が、西軍三上氏の氏寺を山荘に修造しなおした御台に協力することで、東軍側についた七郷の立場をより鮮明に残しておくことは得策であったといえる。このこと以上に、関所問題では七郷は室町初期以来、関所がたびたび置かれ、その運営に協力してきた歴史を持ち、また中でも文明九年には郷中関まで設置したという輝かしい歴史をもっていた（拙稿「御台の執政と関所問題」『日本史研究』三九五号）。

したがって七郷としては御台の山荘づくりに協力することにより、再び郷中主導の関所設置を夢見たのではないかと考える。たとえ郷中関が再び設置されなくとも、関所問題を取り上げた場合、土民一般とは受けとめ方が異なるという点は、御台に示しておきたかったのではないだろうか。室町幕府は郷中関を再び復活することはなかった。幕府自体、郷中関の設置のような下剋上を再び許さないという姿に体質を変えているからである。郷民の見方は、このことからすればやや甘いものであったということになろう。しかし御台と土民は必ずいつも対極に居たという単純な構図は、歴史の見方を曇らせることになることに注意したいものである。

富子の権限

御台富子は長享ごろにも御料所を確保したり拡大したりする姿を見せている。長享二年（一四八八）

十月、相国寺勝定院領である近江国佐々木西荘を「御台料所」にするようにとの幕府の奉書が届いた。前年鈎の御所から義尚（義煕）が勝定院に対して安堵の奉書を出しているのに、これと逆の奉書が出たことに勝定院は驚き、蔭涼軒主を通じて奉行松田対馬守に確認している。すると松田は、このたびの奉書は義政の成敗ではなく、上様より奉書を出すべきことが仰せ出されたので、調えて進上したと返答しているのである。たしかにこの年、義政が寺領を安堵した例があるので、寺領安堵権は義政がなお握っていたことがわかるが、御台はその料所を拡大しようとする意図をもっており、料所拡大を奉行に命じて奉書を出させる形で実現していることも判明する。御台料所を確保するだけでなく、拡大する局面を御台は追求しており、幕府奉行人に奉書を出させるという正式のルートを通じて行なっていることは、御台の権限が、この時点に至ってもまだ機能しつづけていることをあらわすと考える。

ほぼ一年間岩倉山荘（金龍寺）ですごした富子は、長享二年十二月十三日、再び小川第に帰っている。義尚（義煕）との和が成立したためであった。日を置かず十九日に御台は鈎に義尚を訪れている。その用意のため長櫃に入れてあった小袖二十領、唐織物三十領を取り出して点検したところ、まわりの者は、これほどのものがあったのかと驚いている。

さてこの御台の鈎訪問には、公武の期待が込められていた。義尚は近ごろ結城以下の近臣の意見ばかりを用い、他の者の意見に耳を貸さず、そのため特に寺社本所や近習の者共が「迷惑存外」という状態であった。御台の鈎御成があれば、きっとこのような世間のなげきが富子の口から話されるだろうと「各御憑（たのみ）申す心中」が公武の間にあったという。

大乗院尋尊は、富子が義尚に会うのを好機として、豊浦荘のことについて富子に義尚への口添えを頼んでいる。とすると富子は当時、将軍の生母として、義尚の政治をチェックできる唯一の人物であり、またそのような期待が公武の間に広く存在したことが知られる。富子は義尚の政治に歯止めをかけたり、義尚へのさまざまな要求を伝達する立場にあったのである。義政は病に倒れており、将軍の生母への公武の期待は大きく、また期待にそえる力を当時の富子は持っていたといえる。富子は要求通り義尚に申し添えたことを、女房奉書を出させて尋尊に伝えている。このことから奉行や女房に御台としての命を伝達させる機構も前代と変らず機能していたことがわかる。

義尚の死

長享三年（延徳元・一四八九）三月、義尚の病が重くなり、富子は十八日に見舞いに出かけ、聖護院道興に加持を行わせた。ところがそのかいなく義尚は二十六日に薨じている。二十五歳であった。この死に際して富子は蔭涼軒周全を通じて「四歳にして父（日野政光）に離れ、それより以後、此の如き憂患の事之なし、諸篇茫然」と語ったという。父と死別して以来の悲しみに茫然としているという言葉のなかから、どれほど富子が我子を愛していたかが伝わってくる。女房たち（大蔵卿局や大乳人など）は多く落髪した。富子は細川政元などとともに、義尚の遺骸に付き従って京へ帰った。公家衆、番衆（ばんしゅう）や女房衆、乳人の輿も連なって御台とともに等持院に向かった。一条あたりで富子は輿の中で声も惜しまず泣いたという。相国寺常徳院を義尚の塔頭となし、ここに義尚の牌（しるしのふだ）を入れている。常徳院への追善料所の寄進を、義政に促したのも富子であった。日野氏が常徳院の檀那であるという関係はあったが、義尚の死に際して、悲しみに沈みながらも、てきぱきと葬礼などの処置を執行したのは富子であった。

　義尚の次の将軍家継嗣を誰にするかにも、富子はかかわっている。富子は義視の子義材を推している。いっぽう細川政元は鎌倉公方足利政知の子息清晃を推した。畠山義就は義材を、政長は清晃を推している。応仁の乱前の対立が再び現実のものになりそうな状況になってきた。義視・義材父子は美濃で義尚の薨を聞き、四月八日大津辺まで至り、十一日に入京している。この後義視・義材父子は通玄寺（義視の娘が入寺していた）に居を定め、鹿苑院で焼香後、富子に挨拶をすませ、小川第に入っている。義材は富子の妹と義視の間の子であり、義尚の猶子でもあったので、義尚に男子がなかったことから、富子には義材が次の将軍にふさわしい人物と映ったのであろう。

　富子は四月三日の葬礼の日のために、茶毘要脚十万疋（一千貫文）を拠出している。そればかりでなく「執紼」（葬式の時棺のつなをとる役）について伊勢備中守が蜷川八郎をもって富子に尋ねたところ、「このような事は私が知るところではない」といいながらも、京兆（右京大夫の中国風呼称）細川政元か畠山尚順のうちから選ばれるのがよいと返事をしている。富子が下行した一千貫文のうち、七百貫文が茶毘用に、三百貫文が中陰以後の費用にあてられた。その他の出費は、政元からの百貫文など諸家からの進上分や、国役銭でまかなった。義政は中風を病んでおり、言語に障碍はないものの、右半身の感覚がなかったためか、葬礼には出ていない。義尚の遺骸は等持院で火葬され、高野山に分骨されている。このような葬礼時の状況をみると、義政が病身であったことから、富子が葬礼のすべてを執行していたことがわかる。執紼の件まで富子に諮問されていたのであり、費用も大部分は富子が負担した。義尚の葬礼は富子が主催したといってよいだろう。

富子は生前義尚が着用していた装束を、七条袈裟、掛絡（かけまとい）、打敷（うちしき）などに縫い直させた。そして打敷を諸寺に、七条袈裟は中陰勤行衆に与えている。鹿苑院で月忌始（がっきはじめ）の仏事を修した時、蔭涼軒主集證は簾中に召されて、はじめて富子の顔を見た。その感想を「尊顔太美也」と記している。富子が宝鏡寺の木像に見えるように、端正な顔立ちの美人であったことが、ここでも示されている。

義政の死

政局の行方は、義尚の死により再び混沌の度を増した。四月十九日、義政が再び執政すると奏上、天皇からは義持の先例があるからとして許されたが、中風が以後何度も再発、翌延徳二年（一四九〇）正月七日その生涯を終えている。いっぽう富子は義尚の仏事を修したあと、かねてより隠居所と決めていた岩倉長谷の金龍寺で得度したとの噂が七月に流れた。そのため細川政元は細川政春と家臣秋庭備中守元重を遣し、落髪をとどめている。富子は一たん思いとどまり小川御所に帰ったが、延徳二年正月十三日、夫の死にも直面したので、薙髪（ていはつ）をとげている。延徳元年に薙髪が政元によって止めさせられたのは、義政の代りに富子が実質的な執政者となる旧来の方式が復活するのがよいと、政元らによって想定されていたのではないかと思う。

義政の死は、政元が想定した富子の執政の道をも閉ざすことになった。富子自身もまた薙髪して政治への関与の道を自ら閉ざしたのである。潔い引きぎわであった。以後義材が征夷大将軍となり細川政元が管領となる時代を迎える。

晩年の富子

晩年の富子のようすは、かつてほど史料に登場しなくなる。それは戦国争乱の時代に入り、室町幕府の権威の動揺がはじまったこと、将軍が義材（義稙）から義高（義遐・義澄）へと代り、富子の身内からだんだん離れていったことによる。そんななかでの明応五年（一四九六）閏二月二十四日の富子の様子をみてみよう。

この日御所では後土御門天皇の皇子勝仁親王（後の後柏原天皇）が蹴鞠会を開き、富子が参加した。この時点でも富子は「御台」「小川殿」と呼ばれている。公家にとっては、応仁・文明の乱が終った一四七〇年代から二十年もたっているのに、義政時代は理想の時代であり、後室富子はいつまでも「御台」であったことがわかる。御台と呼ぶのにふさわしい御台であったのだろう。三条西実隆は、この日小川殿富子の参内があると聞き、親王御所へ行く前に小川第に参上した。申し次ぎは坊和右京亮（はがうきょうのすけ）であった。この人は延徳以前から御台の御供衆として御台のそばに仕えている人物である。実隆はこのあと室町第にも立ち寄り、和歌を五首つくってから、午後になって参内している。するとすでに車で到着していた。富子は龍胆の文車で参内したという。「是近来令買得給車也」とあることからみて、富子は参内にそなえて急ぎ買い取ったのであろう。お供は近衛局という女房一人、騎馬の坍和右京亮一騎だけであった。さびしい供揃いではあるが、それでも富子の参内は文車を都合して、形式を整えての参内であったことがわかる。親王御所には勧修寺、甘露寺、山科、伯などの公家が参集し、富子が三献の御酌をしている。暁ごろ御台は退出している。このように明応五年ごろの富子は、家来や女房もごく少数を擁しているだけで、ひっそりと暮らしていたようであるが、なお公家たちは義政の御台所として尊敬し、かつての栄光を重ねてながめており、富子の方もそれを意識してか、参内には急遽龍胆の文車を買得し、形を整えて堂々と天皇家や公家との交流を続けていたのである。

貴きこと后妣に同じ

明応五年（一四九六）五月十七日ごろより、にわかに病が重くなった富子は、二十日ついに他界した。三条西実隆はこの日の日記に「諸人仰天言語道断之次第也、今年五十七歳歟或人云五十九歳、真実之甲子云々、富余金銭貴同后妣、有待之習無常刹鬼之責不遁避之条可嘆可嗟矣」と記している。五十七歳であった。『大乗院寺社雑事記』は五十六歳とする。富子が死の時まで大きな財産を持っていたことは、右の実隆の記述によってもわかる。それだけに、どんな人もついには死に見舞われるという無常観はつのったであろう。

「貴きこと后妣に同じ」「諸人天を仰ぎ言語道断の次第なり」などの書き方からみて、実隆には富子を揶揄したり非難したりする様子がみられない。その死を悲しむ様子がみられるのみである。公家衆にとって富子は、その財を朝廷に献じ、公家にも助成し、一条兼良の娘や近衛政家の子を文明十四年八月、明応元年四月に猶子にしたように、さまざまな猶子をとってくれる保護者であった。現実的な面だけでなく、富子は自らも和歌をよくし、義政とともに室町文化を育くんだ人物であったともいえる。公家にとっては富子の死は、朝廷や公家のよき理解者を失ったことになり、公家階級を支える太い柱をなくしたという痛手と受け取られたと考えられる。

『大乗院寺社雑事記』は六月六日条に「七珍万宝ハ公方歟南御所歟、何方へ可被召之哉、不一定云々」と記し、富子の残した財産の大きかったこと、その財産が公方義高（義澄）につがれるのか、義政の娘南御所につがれるのかはまだ決まっていないことを書き残している。しかし「七珍万宝」は当時の決まり文句であり、右にのべた蹴鞠のさいの参内の様子もごく質素であったことからみて、富子の財は往時ほど大きなものではなかったように思える。葬礼は六月十四日、等持院において行われた。妙善院殿富子の追善のため、御所では連歌がこの日行われた。

六　御台富子の女房たち

酒屋から公事銭を徴収

富子が室町期将軍家の「御台」らしき「御台」として、三代あとの将軍の時代まで、一種尊敬のまなざしで眺められていたことには、理由があるのではなかろうか。御台富子の大きな財産や、公家の階級的・文化的保護者でもあったという個人的性格のほかに、御台の言動を支える機構があり、それが有機的に働いていたという、制度上の問題があったのではないかと思う。

そこでここでは、御台のまわりにあってその言動を伝え、行事を準備し執り行なった女房たちについて検討してみようと思う。つまり「女人政治」を可能にした機構や制度の一つとして、女房衆について考えてみたい。

嘉吉元年（一四四一）といえば足利義教が六月に赤松邸で暗殺され、幕府に大きな転期がおとずれた年である。赤松満祐は九月に討伐軍により攻められ滅ぼされるが、細川持之の死去、新将軍足利義勝の死去と、幕府の中心が次々と失われ、政治的動揺がこの間しばらくは続くことになった。

そんな時代の京都には酒屋が三百二十七ヵ所もあり、そのうち新しく酒屋の仲間入りをした「新加（しんか）の酒屋」は二十五ヵ所であった。酒屋に対する課税は、幕府の大きな財源となったのである。『蜷川（にながわ）

家文書』によれば、酒屋一ヵ所ごとに二貫八百文、新加の酒屋は半役（半分の一貫四百文）として、公事銭が幕府から課され、八百八十貫六百文が徴収されている。とするとこの合計からみて、酒屋三百二十七ヵ所のすべてから税が完納されたことになる。多額の公事銭が酒屋役として課され、しかもこれは現実に幕府収入として入っていることがわかる。政治変動の時期ではあったが、室町幕府の支配機構は嘉吉ごろ、ゆるぎなく定立され、機能していたといえる。

さてこの公事銭はどのように使用されたのであろうか。嘉吉元年の酒屋公事銭の使途を次頁の表に示した。

毎月の支出中最も多いのは「大御所様」つまり足利義教の後室三条尹子への月宛（月給）であることがわかる。毎月百貫文もが、恒常的に尹子に下行（支給）されていることが知られる。正室の月宛はこのように大きなものであった。義教暗殺直後のこの月宛の支給状況からみて、御台富子に対しても、義政青年期のころには、百貫文に近い額が与えられていたことが推測される。御台に対しては、幕府からの正式給与がこのように高額で支給されていたと考えられる。財源は酒屋からの公事銭であるところが、現在の目から見るとおもしろいが、中世においては、一たん収納された税は、その税目にかかわらず、改めて別基準で下行されており、酒屋と大御所三条尹子との間に特定の関係は成立しないのである。

室町幕府の女房たち

次に注目されるのは月に三十五貫六百文あるいは三十六貫六百文が「御女房達御行器（ほがい）物」として使用されていることである。この女房は「御女房」と記されていることから、将軍家付きの幕府女房であったことがわかる。幕府に仕える女房もまた、毎月「御行器物」という名目で、月給を幕府から支

嘉吉元年～2年　公事銭の使途

費　用	項　目
嘉吉元年12月分	
23貫823文	12月朔日御祝・御炭代
39貫940文	御油代
2貫400文	御果物代
19貫180文	年始歳末御祝色々
35貫600文	御女房達御行器物
10貫	今姫君様御方御人数御行器物
100貫	大御所様（義教後室三条尹子）参御月宛
以上230貫943文	
嘉吉2年正月分	
18貫117文	朔日御祝・御炭代
39貫940文	御油代
35貫600文	御女房達御行器物
10貫	政所内談始御要脚
100貫	大御所様参御月宛
以上203貫657文	
嘉吉2年2月分	
27貫417文	朔日御祝・御炭代
38貫450文	御油代
36貫600文	御女房達御行器物
100貫	大御所様参御月宛
以上202貫467文	
都合637貫 73文	
残 243貫523文	
40貫	安倍季長・季久御訪下行
40貫	山井安芸守景久御訪下行
100貫	吉田社神殿御修理・神服以下要脚下行
定残63貫523文	

給されていたことがわかる。「十二月朔日御祝・御炭代」や「御油代」（燈明の油の費用）、「年始歳末御祝色々」は別立ての項目になっていることからも、幕府女房への月給は、純粋に女房衆個人に対して支払われた手当であって、それから燈明の油や炭を出させたのではないこともわかる。つまり幕府からこのように月給を支給される点からみて、将軍家に仕える女房は、幕府の吏員であり、将軍家と主従関係を結ぶ臣下であったと断定できる（他の支出項目及びこの支出を扱ったと推定される伊勢氏の位置については、拙稿「中世の家と教育――伊勢氏、蜷川氏の家、家職と教育――」『家族の教育』所収、早稲田大学出版部、一九九六年参照）。

では右のような女房たちは、当時どれほどの人数が置かれ、どのような役割を持っていたのであろうか。

将軍足利義政、御台富子の時代、多くの女房が置かれており、なかでも義政の女房については史料もよく残っているので、義政、富子両方の女房についてあわせて検討していくことにしよう。

義政に仕える女房には大上臈（おおじょうろう）、小上臈（こじょうろう）、中臈（ちゅうろう）、下臈（げろう）の四つの身分があった。義政時代の上臈、中臈の名前と出身の家名、御台富子に仕えた女房の名前と家名を『大上臈御名（みな）之事』から表にしてみる。

〔義政方〕

上臈名	出自
上臈	花山院
ちゃ〳〵上臈	徳大寺

上臈	菊亭
めゝ上臈	三条
わか上臈	三条
あぶら上臈	西園寺
大納言殿	松木
あちゃち上臈	町（日野町）
あにや〳〵上臈	
こかれう人（久我寮人）	三条
あちや上臈	武者小路
あやゝ上臈	柳原
近衛殿	善法寺
とう大納言殿（藤）	飛鳥井
新中納言殿	藤宰相
新大納言殿	伯
御やち	山名
御あちゃ〳〵	伊勢
御ま五	大舘
中納言	法しやう寺
御いと	法しやう寺
御五い	一色
御いままいり（今参）	大舘

上臈名	出自
御ひろいをば	
春日殿	堀川の姪
新兵衛のかう（督）の殿	
こ（小）宰相殿	
民部卿殿	伊勢の稲葉

〔富子方〕

上臈名	出自
高倉殿	日野まつなみ（松波）
めゝこ	松波
宰相殿	さいしゆ
こじゝう（小侍従）殿、小督殿	あまづかうづけ（上野）
宮内卿殿	
うちをうぢ（宇治大路）	尾張の織田

義政には二十八名の、富子には六名の上臈や中臈が仕えていたことが知られる。実際に史料にあらわれる御台の女房は、右の表中の女房以外の人物もよく登場するので、ある時点での、富子の女房名をあらわしたものであるかもしれない。いっぽう義政の上中臈女房はあまりにも多数であり、これだけの女房が同時にいたとは考えられない点もなくはない。つまり義政の上臈、中臈女房として出仕し

た女房名と出自の家を、全時代にわたりすべて書き上げたというものであったのかもしれない。『大上臈御名之事』は、二木謙一によれば伊勢氏庶流の貞知（如芸）の著作であるという（『中世武家儀礼の研究』吉川弘文館、一九八五年）。とすると『群書解題』で石田貞ものべるように、天正十七年（一五八九）の成立ということになり、義政時代を振りかえっての故実書といえるから、義政の上臈、中臈をすべて網羅したという見方も根拠があると考える。

女房の出自

この女房の出自をみると、大上臈は花山院、徳大寺、菊亭、三条、西園寺、日野などの公家の娘がほとんどを占めていることがわかる。武家では山名、一色などの大名家より少数の女房が出ているにすぎない。大館、伊勢両氏は幕府の官僚的存在で、内談衆（引付衆のこと、内談つまり内評定で評議するためこの名がつけられた）や政所執事をつとめた家である。その他寺社からは善法寺氏という石清水八幡宮神官家が女房を出していることがわかる。これは室町幕府の将軍権力が、義政の時代、公家、武家、寺社を配下に収める姿に変わっていたことの如実な証明であると考える。義教時代の恐怖政治は一面で将軍権力の強化を残したのである。特に公家は天皇家の廷臣であるが、娘を女房として天皇家以外に幕府にも出仕させることを通じて、将軍家との主従関係を形成することができた。将軍家にとっても公家の女房を抱えることは、公家階級を将軍権力の傘の下に取り込むための、もっとも有効な手段だったと考えられる。

善法寺の娘について注目してみよう。この人は小上臈から大上臈に出世した人で、小上臈時代は権大納言局、大上臈時代は近衛殿と呼ばれた。小上臈時代について「権大納言どのとわかき御ときは申候」とあるので、一般に小上臈から大上臈への出世は、主として年齢を重ね経験を積むことによる昇進であったといってよかろう。

いっぽう富子の上臈女房では、松波氏から二人、尾張の織田氏から一人が出ていることが注目される。松波氏は日野家の奉行をつとめる家柄で、伊勢大神宮参詣時、富子の奉行に横すべりしていることを前節で述べた。日野家の家礼(けらい)筋の家ということができよう。織田氏は尾張守護斯波氏のもとで、守護代をつとめる家柄である。とすると義政の女房が公家、武家、寺社の名家から女房を出させているのに対し、御台の女房は信頼できる家礼筋や新興の守護代クラスという、義政の女房の出自の家よりは一ランク下の層からも、積極的に女房を登用していることがいえるのである。

女房の呼び名

上臈や中臈の呼び名には一定のきまりがあり、上臈は幼名(おさなな)で呼ぶべきであるとされた。「ちゃちゃ」「あちゃ」「五い」などである。幼名で呼ばない場合は単に「上臈」というべきであるとされている。小上臈も同様であった。次に中臈は官名あるいは町名、または幼名で呼ばれる。たとえば「侍従」「少将」「宰相」「春日」「冷泉」「堀河」「大宮」「一条」などである。下臈は官名や国名で呼ぶ。新しく女房になったものを「御今参(おいままいり)」といい、後にさらに新人が加わればその人を「今御今参」と呼ぶ。

その下で雑用をつとめる者は末の者つまり「ひでう（美女）」であり、幼名で呼ぶ。さらにその下を「はした者げす（下衆）」といい、源氏の目録の内から呼び名をつけたり、幼名、町の名をつけるものとされた。『源氏物語』中の呼称が、「はした者げす」につけられる呼び名になる点は、意外な感がする。

室町期の女房が、平安期以来の宮廷女房の伝統をひくものであることは、官名が中﨟の呼び名になっていることからも示されていよう。それとともに、上﨟や中﨟に付けられる名が幼名であったことは、若い公家の娘を女房に取り立て、そうした女性の中から側室（妾）となる人を出すという、将軍家の妻妾候補者として女房衆があったことをも意味すると考える。それとともに、最も重要なことは、呼称の階層性が整然と形づくられていることからわかるように、女房の上下の身分序列は厳しく定立させられていたことである。女房は将軍家に仕える奉公人（ほうこう）として、仕事の場での階層秩序が厳格に定められていたのである。

右の上﨟からげすまでの呼称の階層性を手がかりに、先に表示した義政の女房、富子の女房に立ち帰ってみると、義政の女房では「上﨟」から「あやゝ上﨟」まで十二名が上﨟、近衛殿から民部卿殿まで十六名が中﨟であったと推定できる。いっぽう富子の女房は高倉殿から宇治大路まですべて中﨟の名に該当する。つまり将軍家に仕える女房も、出自において義政方と富子方で異なるとともに、富子の方は中﨟を最上級の女房とするような、コンパクトな女房集団を抱えていたことが知られる。富子の出自の日野家自体、最高級の公家とはいい難い家柄であったから、御台方にはそれ以下の家から出た女房が属することになったのであろう。それにしても富子の女房に日野家の家礼松波氏や守護代織田氏の娘がいたことは、富子の家の女房衆の特異性、つまり新興の階層を時代の波に乗って取り立てているという性格が、よく見えるように思う。

女房の職掌

これら女房たちの手当や職掌はどのようなものであったのであろうか。御台富子（妙善院）の時代の女房について記された『簾中旧記』を史料に、検討してみよう。大上臈には夏千百疋（十一貫文）、秋六百疋（六貫文）、冬廿一貫文の銭貨と、月ごとに行器用に三貫文が与えられる。基本給と雑所得というところであろうか。小上臈には夏千匹（十貫文）、秋五百疋（五貫文）、冬二千疋（二十貫文）、月毎に行器十五ずつが与えられた。中臈に対する給与は夏九百疋（九貫文）、秋四百疋、冬十九貫文、毎月行器百疋（一貫文）であり、「御しも」つまり下臈も同額であった。手当（扶持）の面では上臈中臈下臈の格差はそれほど大きくはないことがわかる。

しかし職掌の面では階層により大きな差が見られた。例えば取次では、上臈が取り次ぐのは管領の母親の将軍への伺候などであり、武家の最高の家柄に関する事項であるのに対し、中臈は公卿の取り次ぎを専門にしていた。このように職掌においては、女房の階層により取り次ぐ対象が截然と区別されていたように、上臈中臈下臈の間で明確な区分があったといえる。またそれぞれの職掌にふさわしく、大上臈の局は、対の間、中の間、三の間を持ち、文台、屛風、長持、小袖の台、茶の湯の棚、風呂罐子（茶釜）などを備えた立派なものが用意されたのである。

女房の職務のうち、最も重要な部分は取次（申次）である。貴人は簾の中の上段の間にいるため、そこに近づいて直接話をすることはできない。必ず女房が取り次ぐのである。これは日常の職務として最重要部分であり、平安時代以来変りがなかった。臨時の職務として重要なのは、出産介助である。出産介助といっても、実際に生まれた子を取り上げる産婆の役割と、妊娠から産後にいたるまでのお産に関する儀式をとどこおりなく挙行することの二側面があったが、室町期にはむしろ後者に力点が置かれていたようである。出産にかかわる女房の役割を具体的に見てみよう。

出産介助と供奉

「帯の祝」といわれた着帯の儀式は、常の御所で三献の儀を行い、将軍足利義政が直接腹帯を御台所に手渡すことが重要な部分を占めている。次に義政が伊勢兵庫に手ずから太刀を与えると、伊勢兵庫は直ちに御台に進上する。この太刀はお産の安全を守る意味の込められた守り刀であったと考えられる。出産後は義政が御産所に出向いて、自ら胞衣を臣下に手渡す、若君誕生ならば、時の管領が具足・弓・矢籠を進上する。姫君ならば練貫十重を、御台にも十重を進上する。このさい、お産介助の女房（「腰抱き」といわれ産婦の腰を抱いてその出産を容易にする）には五重が与えられる。出産した人が御台ではなく、それより身分の低い側室（妾）であった場合は、「御所さま」（公方＝将軍）の大上臈が帯を与えるだけであった。

取次、出産介助につづき、女房がつとめた職務は、年中行事と御成（おなり）への供奉（ぐぶ）である。年中行事としては、正月の強供御（こわくご）進上、正月の歯固（はがた）め、正月の御杖（みつえ）、五月の薬玉（くすだま）などがあった。これ以外に、毎年繰り返される御台の御成がある。御台と将軍がともに出掛けることもあれば、将軍のみの出御もあった。この両方をあわせて列記してみる。

正月二日　公方、御台、管領邸へ御成。女房衆は車二両で参る。装束は袴に胸の守り。
　五日　公方、畠山殿へ御成。
　十日　公方、御台、伊勢邸へ御成。
　　御台不参の場合、公方の女房衆も不参。
　十一日　公方、三宝院へ御成。
　十二日　黒木御所へ御台、義尚、御成。昼は内裏衆が御参。
　十二日　公方、武衛（ぶえい）邸（斯波氏）へ御成。
　十六日　公方、御台、南御所へ御成。
　　十二日御参なき方々のお茶への御参。小上臈や中臈が伴膳を沙汰。
　廿二日　公方、山名殿へ御成。
　廿三日　公方、細川殿へ御成。
　廿六日　青蓮院殿へ御成。

廿九日　公方、御台、日野殿へ御成。
二月十日　公方、御台、善法寺・通玄寺へ。
歳末　公方、御台、宮々に対面。
　　宮々、公方御台へ御参。

右の御成のほかに、内裏への参上や、武家行事としての歳首垸飯(さいしゅおうばん)など重要行事が年初と歳末にはひしめいていた。御成だけをみても、管領細川氏、斯波氏、畠山氏、山名氏の武家衆や、三宝院、青蓮院、善法寺（石清水八幡宮別当家）、通玄寺の寺社、それに日野氏と伊勢氏、将軍家親族に対してなされていることがわかる。公、武、寺社のうち、将軍家とつながりの深い家に対してまんべんなく挨拶に出向き、返礼を受けているのである。このような御成と返礼の関係を維持していくことが、将軍家の権力を維持していく上で、重要であったことが見えてくる。将軍家の御成は単なる年中行事であったのではない。将軍家の家を維持し、政権を安定させるための重要な方策であった。

その儀式に伴われたのは女房衆である。彼女らは車に乗って公方や御台に従い、袴を着し、胸には守を懸けるという正装の旅装束で出かけている。そして到着すれば絹などの引出物を亭主や相手方に渡すのである。公方や御台の自邸に人を迎える時、女房衆は将軍家の親族が来る時、内裏の者が来る時で、場合によって衣装も異ならせるのがしきたりであり、後者の場合、織物の衣に白の袴を着している。御成の時、御台の衣装として、縫物（刺繡）の衣の上に織物のかいどり、胸の守を上に懸ける、という衣装を準備した。御成に際しての女房の人数は、大上﨟二人、小上﨟一人、中﨟三人ほどであった。他からの来訪者を迎える時は、正月十六日の条にみえるように、女房は膳を準備し、給仕する役をつとめている。このような伴膳は、上﨟は行わず、小上﨟や中﨟があたっていることも注目される。

女房の役割分担

このように御成について検討してきた結果、御成、御迎えを一切準備し（衣装や膳など）、とどこおりなく実行するのが女房の役割であったことがわかった。その中で、最上層の女房は引手物を渡すなど礼式にのっとった挨拶部分をもっぱら受け持ち、次位の女房が膳を準備し、給仕を行うなど、階層により役割が異なることも知ることができた。御成という局面だけを見ても、室町期の将軍家に奉公する女房は、将軍家の家外交を推進するための、実務部分を担当する部署にあったといえると思う。それはまた将軍家の権力を安定維持させていく裏方という役割でもあったといえよう。

これらのほか女房の役目として、公方や御台の御文を代筆することや披露することがあった。これは取次役割と直結する役目である。そのため書状の宛名の書き様にもルールがあり、それを心得ることが女房衆特に上﨟・小上﨟・中﨟に必須の教養であった。御文の代筆・披露は、広義の取次に含まれる内容であるともいえる。この取次は、先述のように、平安期以来女房の最も重要な役割として続いてきた。それは将軍や御台になりかわって、その目、耳、口の役割を演じる役目だからである。女房衆はこのような取次の立場にあったが故に、将軍や御台に対して女房の意見がさしはさまれやすかったといえる。今参局は「御今上臈」と呼ばれていたから、女房の中で上臈という身分にあった新参の人物であったことがわかる。彼女が足利義政の青年期の政治に口をさしはさんだのは、彼女の個人的資質によるというより、義政の乳母でありかつ上臈女房であるという彼女の立場から、発生した事態であったと考える。女房衆のなかでも上臈の意見が将軍家に取り入れられる道筋は、室町期の政治機構上開かれていたのである。

民部卿局

御台の女房の一人である「民部卿局」の姿を、史料の中で追ってみよう。この女房名はこの節のはじめに取り上げた『大上臈御名之事』では義政の女房に入れられており、出自は伊勢の稲葉氏となっている。しかし民部卿局が出現する現存史料からみて、御台の女房であることが判明する。後世『大上臈御名之事』を記した貞知の思い違いであったのであろう。

文明十年（一四七八）二月二十八日、義政と富子・義尚は細川聡明丸（政元）邸へはじめて渡御している。その時の女房についての記述を次に引用してみよう。

一　御供の女中御人数の事

徳大寺殿御局　大館殿御局　春日殿　新兵衛督殿

御台様祗候

日野町殿御局　善法寺御局　民部卿殿　賀茂北向局

御方御所様祗候

日野武者小路殿御局　岩松殿御局　小督殿　大御乳人

已上御車にて御参也

「民部卿局」は「御台様祗候」と注記されており、富子に仕える女房であったことが確認される。文明九年七月にも、義尚や公卿が小川第にいた義政・富子を訪れて見参した時、権大納言局と民部卿局は取次役を果たしていた。この時期、義政と富子は小川第に同居していたので、女房のなかには時には義政に時には富子方に数えられるものがあった。しかし民部卿局は御台にほぼ専属の女房であったと考えられる。彼女はどのような役割を果たしたのであろうか。

文明十年二月の細川邸渡御に従ったあと、民部卿局は三月六日に御台が催した十度飲（じゅうどのみ）に加わっている。これに参会したのは義政、富子、報慈院、恵聖院と公家広橋兼顕、それに五人の女房の計十人であった。女房は権大納言局、御左古局（みさこのつぼね）、民部卿局、小宰相局、小侍従局である。他の史料よりみて権大納言局は御台方の、御左古局は義政方の女房であったと思われるが、いずれも前掲『大上﨟御名之事』には記載されていない。いずれも中﨟クラスであったためかもしれない。したがって義政、富子に仕える女房は『大上﨟御名之事』に名を記された大上﨟、小上﨟以外に、多くの中﨟以下の女房を抱えていたことが判明する。

女房奉書を書く

民部卿局は文明十年八月十六日、御台方から広橋兼顕に出された奉書を書いていることがわかる。内容は乗車の下簾(すだれ)を織らせたいのだが、丈や本様が不分明なので、所々を尋ねて進上するようにというものであった。このように女房奉書を書くという重要なポストに、民部卿局はいたことがわかる。

翌十一年正月十二日、御台が年始の礼として美物両種(びぶつりょうしゅ)(雁(がん)一、鱈(たら)一)を広橋兼顕に贈った時、民部卿局は女房奉書を書いて添え渡している。同じく正月二十日、御台は義政、義尚父子を饗応したが、この日は広橋兼顕の方から御台に美物両種(鯉三、雉(きじ)三)を贈っている。兼顕は書状も御台方に送ったところ、御台方からは民部卿局の返事が来ている。これらの事実から、民部卿局は御台富子の奉行的位置にある女房であったこと、女房奉書を書く立場にあることが明らかになった。御台の意向を代弁する奉書を、独自の判断と権限で出すことができる立場にあった。

取次としての民部卿局の姿を探ってみると、文明十四年十月十四日、広橋兼顕が天皇の勅書を小川第まで持参した時、民部卿局を介して御台に進上しており、十一月二日にも禁裏御料所目録をこの人が広橋・勧修寺(かじゅうじ)両氏から小川第の義政に取り次ぎ、十二月十一日には御台の意見が民部卿局をもって仰せ下されている。このように、義政と富子が小川第に同居しているこの時期、時に義政への取次を行うこともあったが、もっぱら御台に関する事項について民部卿局は取次を行なっていたことが判明した。取次(申次)は民部卿局の主要職務であったのである。

取次や女房奉書の発給という正式の職務から派生する役割として、女房は公卿等との間に、私的に親密な関係を形成し、便宜をはかってやることができたことがあげられよう。民部卿局は十一月十三日、富子が日野政資の新邸に渡御した時、その路次から急ぎ参会さるべしと広橋兼顕に使を遣している。兼顕はこれに対し「懇切之芳悦（志脱カ）入由」返答している。急なことではあるがわざわざ兼顕を招いてくれたことを喜んでいるのである。つまり民部卿局の意志で兼顕を招いたのであろう。それは、女房奉書を発給したり、取次を行うという高い位置にあった女房民部卿局が、その位置にあったが故に、兼顕と懇意になり、私的な判断で便宜をはかれる関係を形成したものと考える。公的な女房としての職務から派生したこのような私的な権限も、女房という地位と権限に含まれるものと、当時は受け取られていたであろう。

以上民部卿局について具体的な女房の実像をみてきた。このように女房は取次や女房奉書の発給、御成の供奉など、御台の執政を具体化する機構として室町期に存在した。女房の出身も公家、武家、官僚、寺社とさまざまであり、特に公家出身の上臈を女房として多数抱えることで、公家の朝廷・幕府両属を保証し、武家中心の幕府の公家支配、寺社支配をより円滑に行うことが可能となった。将軍権力を直接的に支える番衆（奉公衆）や奉行人、守護大名の重要性はいうまでもないが、こうした女房の役割についても、さらに研究が進み、見直される必要があると感じる。

第三章　戦乱の世を生きた中世女性

女性と政治との距離を北条政子や日野富子に焦点をあてて測ってきたが、戦国期という時代は、従来の見解では、もっとも女性の地位が下落した時代、すなわち政治的権利が失われた時代、と見られてきた。つまり、先学達は「戦国武士には女の人格はまったくみとめられない」（井上清『日本女性史』第四章封建制の発展と女性、三一書房、一九五六年）、「武力をもたない女性は、政治的地位を伸ばし得るはずがなかった」（宮城栄昌・大井ミノブ編著『日本女性史』㈢嫁入りするようになった女性、吉川弘文館、一九五九年）という共通した見解を持っていた。政略結婚により、子を産む道具となった女性が、戦国期の女性像として定型化していたといえる。

けれど、武力を持たない、あるいは政略結婚の道具という女性の姿が実像であったかどうかの検討は必要であろうし、その上、そうした事実がたとえ一般的であったとしても、それが女性の人格の低下、政治的地位の低下を招いた原因として直結できるかどうかも問題である。その後の戦国期女性史研究が、後家分、女子分、化粧料（婚姻の時の持参財）の検討で成果をあげたのは、右の通念に対する一つの批判として力を持ったと考える。つまり、財政の中で正式に女子分が割かれている例が紹介され、女性が広く後家分や女子分として財産を相続してきた事実が藤木久志、宮本義己、脇田修の論考、それに著者の前稿（「戦国期女性の役割分担」『日本中世女性史論』所収、塙書房、一九九四年）などによって明らかにされた。

たとえば前稿で検討した戦国期の毛利領での女性の財産相続は、次のような特徴を持っていた。戦国期の毛利領では、女子相続に関する文書が多数残っている。この点が第一の特徴であろう。第二の特徴として、女性が財産相続権からはずれた存在ではなかったこと、それだけではなく、家の継承権を持つ場合があったことがあげられよう。

では、戦国期に女性の財産権が広汎に残っていたことは、時代の転換期である信長・秀吉の時代に、どのような影響を及ぼすことになったであろうか。その影響の一つは、永らく保たれてきた女性の諸権利が、秀吉の正室おねや淀殿の姿に凝縮され、輝きを増した点にあったと考える。このように問題を立てつつ、戦国期の女性の実像に迫ってみたいと思う。

一　戦国大名領国の女性たち

跡目相続の実際

毛利元就の嫡男である隆元は、家臣貫（ぬき）助八の母親に対して所領の安堵（あんど）状を出している。その文書には、貫助八は門司で手柄をたてたので、その賞として豊前貫荘内に七十五石足をつかわす、防長の地に少し与えた給地も相違なく安堵する、助八に兄弟があるなら、跡目はその兄弟に申しつけるべきである。もし兄弟を尋ね出すことができないならば、二人の娘のうち一人に、いずれの人なりとも申し合わせ（婚約させ）、助八の母の望み次第に申し付けるべきである、と記されている。門司で手柄をたてたが、助八は戦死したのであろう。戦死した貫助八の跡目は、兄弟があればその者に継がせるべきだが、兄弟がなければ助八の娘に婿を取って、母の意志にかなうように跡目相続をなすべきことを、戦国大名毛利氏は家臣の母親に指示していることがわかる。

貫助八に男子がいればもちろん男子が相続したであろうが、男子のいない場合、第一候補として本人の兄弟が相続、第二候補として本人の女子が相続するという順序が存在したことがわかる。貫助八跡は、結局弟の助次郎が継いでいるが、毛利隆元の時代に、女子が相続から排除された存在ではなかったことに注意したい。家臣の知行地は、その男子、兄弟、娘の順で相続権があったことがわかる。また、助八跡の相続の仕置（しおき）（最終決定）を、その母親に命じていることも、当主不在時の後家の裁量権を示すものととらえられる。またその裁量権は大名が承認する権限であったこともわかるのである。

隆元についで当主となった輝元は、家臣の跡目を女子に継がせることを承認している。一例や二例でなく、女子が跡目相続を承認された例は多い。例えば輝元は天正十年（一五八二）、信常元喜に男子がなかったので、その娘に同姓元実の嫡子元次を婿にとって相続させたが、その時元喜夫妻に次のような文言の文書を与えている。「いや二郎（元次）事、かさねてあいちかい候ハ、（もし離婚というような事態になったならば）、そのほうそんふん（存分）のことく、むすめき（儀）さいはん（裁判）申つくへく候、かさねて此方しるましく候、しよりやう（所領）の事、もちろんむすめニつかハし候」婿である元次が元喜夫妻の意に反したならば（離婚するようなことになれば）、所領は娘の裁判（知行）とすることが確認されているのである。実子の娘には、最終的な所領相続権があったことがわかる。

元次は実父元実の給地内の二十五石をもらい、天正十七年（一五八九）、元喜の跡目を正式に相続した。この譲与の形態は、相続地の公役をつとめなければならないことから、相続後は婿養子が相続主体になったのであるが、万一婿養子が妻を離婚した場合には、実子の娘に所領知行権、相続権が戻るという権限が付けられていたものと考えられる。実子の娘への悔返権（くいかえしけん）（取りもどすことのできる権限）付きで婿の相続がなされたこと、この相続方式は、主君と家臣の合意の上で行われたことがわかる。

跡目相続にみられる女性の継承権

戦国期の毛利氏領国では、跡目相続という家の継承の重大時に、女子が主体となって婿養子をとってその家の継承がはかられたことが明らかになった。公役は婿が勤めたとしても、離婚という事態が生じた時、所領は娘のものであることが、婚姻の当初にすでに確約されていたのである。さらにこのような女子跡目相続の例は、毛利氏だけでなく、大内氏や結城氏の功臣についても見られることもわかっている（「戦国期女性の役割分担」『日本中世女性史論』所収、塙書房、一九九四年）。実子が女子ばかりで男子のない時、庶子を跡目として立てるのではなく、実子の女子を主体に婿養子を立てて家を継がせるというのが、戦国大名領国下で一般的な相続形態であった。女子は、跡目相続という家の継承の場面で、なお継承権を保持していたことがわかったのである。

このほか、女性の仕事ぶりが評価されて、その女性を祖とする家が成立したり、夫が跡目の決定をする前に死去したため、残された後家がその家の決定権を握り、給地を知行した例も存在する。特に武士の女性は後家になった時、家の中で最高決定権を握るのは普通であった。鎌倉期の北条政子の後家尼時代の姿は、より小規模な形ではあるが、それぞれの武士の家で中世を通じて普通にみられた姿であったといえる。

こうした財産相続権や跡目相続権、また後家になって以後の家の中での最高決定権の掌握という姿は、経済的な面にのみみられたのであろうか、次に検討しなければならないのは、戦国期の政治における女性の立場であり権限である。

婚姻と平和外交

東国戦国大名三家が左図のような婚姻関係を結んでいたことが知られている。

東国三大名は、それぞれ個性ある領国支配を行い、三国三様の内部事情に対応した検地も行なっていた。こうして領国の独自性を保ちつつ、さらに三国同盟を追求していたことが、この婚姻関係によ

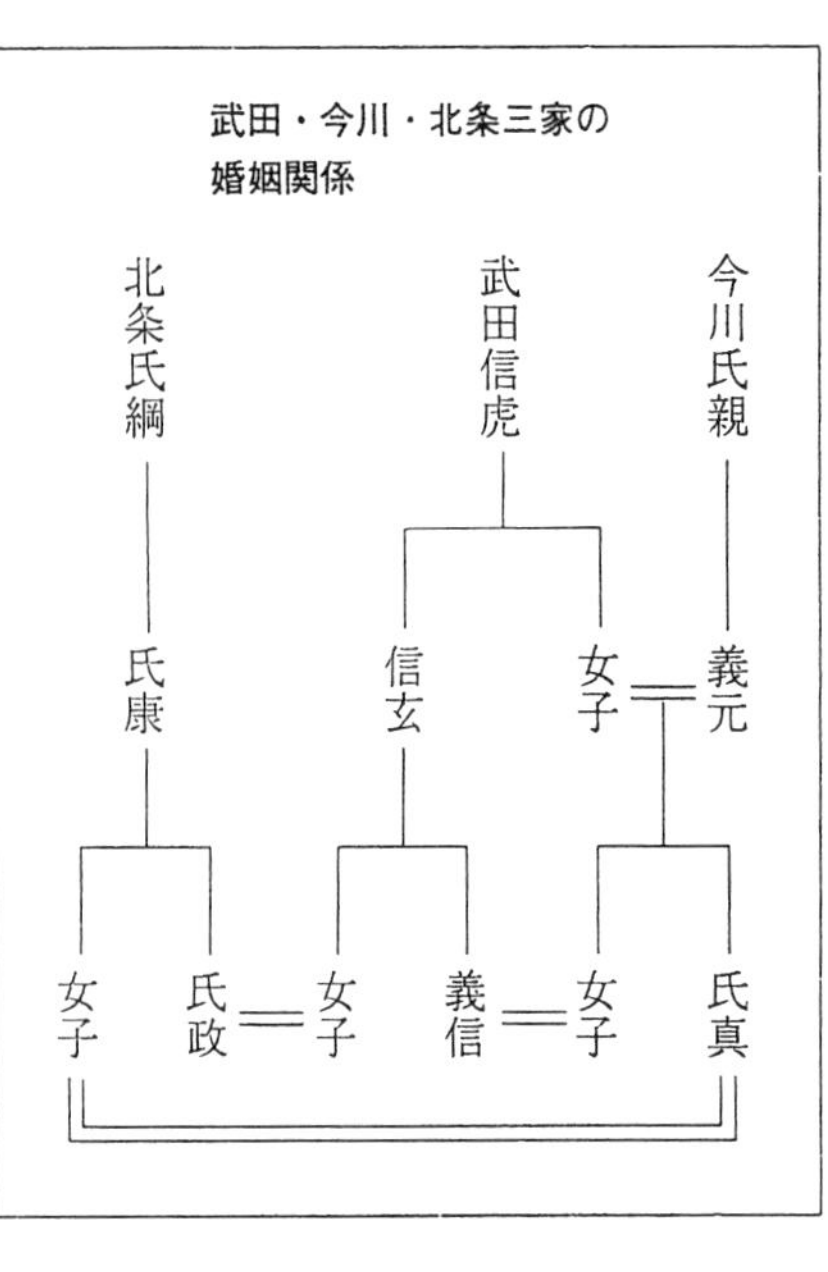

武田・今川・北条三家の婚姻関係

って明らかになる。

例えば武田信玄の姉は今川義元の妻であったが、彼女が天文十九年（一五五〇）六月に病死すると、嫡子義信の嫁に義元の娘を迎え、甲信同盟を補強したのである。永禄七年（一五六四）ごろから信玄と義信父子の仲が険悪となったので、十年、父信玄は二百三十七名の家臣から起請文を取り、家中を結束させた後、義信夫人を実家今川氏真のもとへ送り返し、息義信は自殺させている。つまり甲信同盟は破れたわけである。女性が「政略の道具・将棋の駒」ならば、義信夫人も義信と同じ運命を辿っただろう。夫婦ともに道具として簡単に始末されたはずである。しかしここでは、義信夫人の存在は「同盟」の証しであったから、同盟が破れた時は、丁重に実家にもどす必要があると考えられたのである。

政略結婚はともすれば女性の側のみに不幸を強いる結婚（お市の方の例が代表とされる）と見られがちだが、結婚に意味がある以上、男性にとっても破綻した時は苛酷な運命が待っている。義信の例がそうである。政略結婚の目的に注目すれば、これは同盟のためになされたものであることは明白である。同盟を破ることをはじめから前提して、同盟を結んだとはいえない。つまり政略結婚は平和維持手段であり、戦国大名の領国経営にとって対外的にも対内的にも不可欠の政策であったといえる。

毛利氏の政略結婚

毛利元就の娘は宍戸隆家のもとに嫁していた。隆家について元就は次のように述べている。「五竜（隆家）の事、これ又五もし（娘）所の儀、我々ふひんに存じ候条、三人共にひとへに〳〵この御心持にて、一代の間は、三人同前の御存分ならては、元就において曲なく恨み申すべし〳〵」。つまり宍戸隆家は娘の夫であるから、元就はふびんに思っている（愛情をそそいでいる）、だから一代の間は三人の子息（隆元・元春・隆景）も同様に思うべきだというのである。三人の息子が隆家と協力すべきことを諭しているのである。

元就は五竜が五もし（娘）の夫であることから、娘かわいさもあって、三人の子息との協力を言い置いた。しかしそればかりでなく、宍戸氏と毛利氏のつながりは、元就の父弘元の代から重視されていた。弘元は末期（まつご）に「宍戸方との知音が肝要である」と申し置いている。けれど弘元の子興元（元就の兄）は若さ故に宍戸氏との結合を重視せず、宍戸隆家と一戦を交え、その最中に病死してしまう。その反省の上に立って、元就は宍戸元源と「水魚の思」（水と魚の関係のような固い同盟）を成し、娘の縁辺（えんぺん）（婚姻）を申し合わせたと毛利元就自身が述べている。事実その後隆家は尼子方の侵攻に対し、毛利方の同盟軍として戦っている。五竜が敵になれば一大事であり、「よくこそ我等縁辺申し合せ候つれと存じ候いき」と元就は感慨をもらしている。

宍戸隆家と元就の娘の間に生まれた女子は、のち豊後大友氏と婚姻することになる。元就は「此儀者最前も家のため去り難き事候ハん時者心得わけ候へと仰せ申されたる事候」と述べているから、毛利領国のためのいわゆる政略結婚であったことがわかる。「防長之ため」であったのである。この娘について元就は「惣別彼五もしの事ハ、一段の人躰にて候間おしくは候へ共」と評しており、すぐれた女性で、大友氏方へやるのは惜しく思われた人であったことがわかる。そのような娘が大友氏との政治的かけひきのために結婚させられようとしたのであるが、元就は女性を道具とする見方は取らず、毛利氏（防長）と大友氏（豊後）の和平の梯と見ていたと思える。

このように宍戸隆家の妻にしても、隆家の娘にしても、政略結婚という政治に裏打ちされた結婚であることはたしかである。しかしいずれも和平のための婚姻としてなされたことに意義があると考える。

一歩退いて考えてみれば、打算や政治に裏打ちされない純粋な愛情のみの結婚は、存在したとしても史料に残りにくいと考えられる。史料上歴史学が再現できるものは、ほとんどが古代から現代まで、政略結婚である場合が多いだろう。その政略結婚の意味を各時代ごとに検討し、意義付けていく仕事が、歴史研究者には課されていると思う。中世特に戦国期は、政略結婚の時代といわれ、道具としてあちこちに動かされた女性の悲劇性、人間性の欠如のみが強調されてきたことに対し、事実をもって正しい姿を再現しなければならないという役目を、現代の歴史学研究者は負っていると考える。

すなわち中世の婚姻は、史料に残っているものの多くが政略結婚であることは明白であろう。しかしその政略の意味は、同盟を結ぶ前提として、和平手段としての婚姻であったといえる。そして和平という役割を戦国期の武家女性はよく果たしたといえよう。政略結婚において悲劇的な結末を迎えた者は、平和的な同盟関係を形成するという、男女共に与えられた役割を、むしろ果たしえなかった例外的事例であるといえよう。つまり戦国期武家女性は、生家と婚家をつなぐ梯として、両家の和平・同盟関係を維持するという、家外交の役割を担っていたと考える。

島津氏の娘たち――亀寿

戦国大名島津家にあって、大きな活躍をみせた女性が三人あった。第一の女性は島津家第十七代当主義久の娘で亀寿という名であった。亀寿は、義久の弟で第十八代当主となった義弘の子家久（忠恒）の妻となる。慶長四年（一五九九）、亀寿は薩摩国日置郡内で五千石の地を義父義弘から、翌年には大隅国大禰寝村（現鹿児島県錦江町）二七三九石余を父義久から与えられる。この大きな所領は、亀寿の功労に対して与えられたもので、「無役」つまり大名に課役を納める必要のない土地とされていた。領国財政とは別の、亀寿の私領となったのである。

血統正しい亀寿であるとはいえ、家久の正室にこのような功績を認め、大所領を与えたのはなぜで

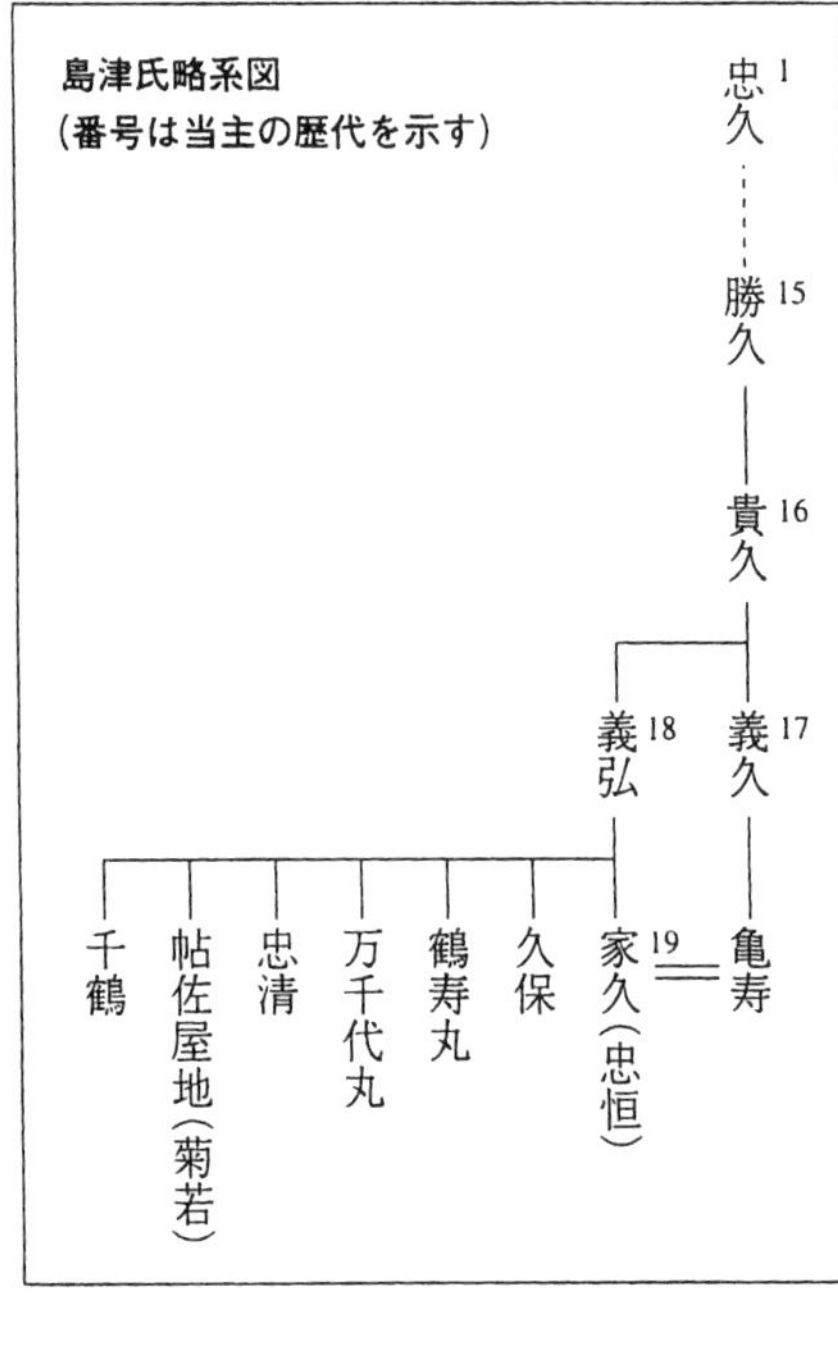

あろうか、その功労とはどんなものだったのだろうか。

戦国時代の島津氏は、大友氏をはじめ九州の有力諸大名に北方を固められていたので、他大名との合戦にあけくれ、豊臣秀吉の命を受けた羽柴秀長(秀吉の弟)の討伐を受け、文禄・慶長の役には苦しい台所事情を押して朝鮮に出兵しなければならず、一族内部の争いも生じるという、多難な事情を抱えていた。

こうした時代に、次期当主と目された家久の妻となった亀寿の役割は、幼少のころより京都に住み、豊臣秀吉・徳川家康ら当代の権力者と接触し、島津氏の意を代弁することにあった。なかでも、豊臣政権に屈した島津氏の、恭順の意をあらわすための人質としての重い役割が彼女によって担われたのである。島津氏の歴史にとってこの時代は重要な時期であった。鎌倉時代から地頭領主として九州南部に土着、一族の抗争はあったものの着実に勢力を扶植してきた島津氏も、秀吉が九州に注目し、秀長の討伐軍派遣を受けるに及び、はじめて強力な中央の権力に制圧される危機をむかえたのであった。鎌倉期以来続いてきた島津氏の浮沈にかかわる時期であった。

したがって亀寿は夫と別居して人生の大半を政治の中心地京都で過すことになった。この功労に対して寛永元年（一六二四）には、ふたたび一万石を亀寿一代の間、無役として与えられている。このように亀寿は島津氏当主の妻という役割のほかに、権力者との交際を通じて島津氏の立場をよくするための、きわめて重要な外交官としての役割を京都でつとめていたといえるのである。

帖佐屋地と千鶴

戦国島津氏の家中で活躍した第二、第三の女性は、義弘の娘で家久の姉妹にあたる帖佐屋地（じょうさやち）と千鶴（ちづる）である。

帖佐屋地は慶長元年（一五九六）、当時朝鮮に在陣中であった兄家久に書状を送り、日本の大地震のこと、京都の情勢などを知らせている。つまり帖佐屋地も、次代の島津家当主にとって、日本とくに京都からの情報提供役をつとめていたことになる。

彼女は一族で家臣でもある島津豊後守朝久の妻となり、二人のあいだの娘は、関ケ原の戦いののち、徳川家康方の松平定行に嫁いだ。これは「お家のため」であった。つまり島津氏は関ケ原で敗れた西軍に味方していたので、彼女は島津氏の行く末にまで影響を及ぼす、大事な位置に就いたことになる。帖佐屋地の娘は、上方（大坂）で亡くなっている。帖佐屋地は、嘉永元年（一六二四）に覚書をしたため、このような母娘二代にわたる奉公に対し、亀寿などと同様に知行（領地）をたまわりたいと要求した。

帖佐屋地の妹千鶴は、江戸に詰めていた。彼女も家臣という地位にある一族中の男性と結婚したようであるが、父義弘にあてた江戸からの手紙を残している。千鶴は手紙の中で、自分は「お家の奉公」のため江戸に下るのだと明言している。やはり江戸の情勢を刻々鹿児島に送り、島津氏の取るべき方向を誤まらせないように努めたのであろう。彼女の労苦に対しても、三千石が無役として島津家から認められている。

戦国大名島津氏は、当主に最も近い、信頼の置ける近親の女性を、秀吉の命令に従い人質として京都・大坂・江戸に長期間配置していた。彼女らは三都でその地の情報を島津家にもたらし、島津家の役に立つ相手と婚姻をむすんだのであった。こうした労苦に対して知行が充行（あてが）われたのは当然といえる。知行地を堂々と要求し、また与えられた知行地の大きさが、逆に彼女らの役割の重さと功績の大きさを示していよう。

戦国期の女性とは

武田、毛利、島津という戦国大名の家における女性の役割で共通するのは、以上述べてきたように、女性の婚姻は生家と実家を結びつける和平手段であり、またそこでの女性の役割は和平外交の担い手であった点である。対外的にも対内的にも同盟の必要性は、大名にとって他の時代にも増して重要であり、失地回復のためにも家外交の進め方は肝要であった。この家外交役割を、戦国期の武家女性は果たしていたといえる。大名家のみならず、この役割は、各家臣の家でも同じであったとみてよい。

さらに付言しておきたいことは、戦国期武家女性の主体性についてである。不幸にして夫の家と妻の生家が敵味方となったとき、婚家では父や夫が、妻に対して実家に帰るよう求めるのが普通であった。その言葉に従った者もあれば、夫のもとに踏み留まった者もあるが、選択は妻自身の意志によってなされている。

戦国期の武家女性は人形でも品物でもなかった。それどころか、娘の時代から、家外交の担い手としての役割を果たし、特に後家になると夫の家支配権を受け継いで、「裁判権」と呼ばれる最高決定権を握ったのである。戦乱の続く時代であったからこそ、和平を追求する外交役割は重く、またその役割を果たすためには、そして自分自身の身を守るためにも、平時よりもさらにさまざまな能力、才覚が要求されたであろう。

山口茂左衛門という中級武士の娘おきくは、秀吉の側室淀殿（茶々）に仕え、大坂城落城を経験するが、その時要光院殿（おはつ、淀殿の妹）に仕え、ついで松の丸殿（京極竜子）に奉公し、のち田中氏と婚姻して備前国に住む、という経歴をたどる。落城という非常時とはいえ、奉公先を自ら選択したのである。また落城時には帷子(かたびら)を三枚重ね着し、下帯も三つして、秀頼から拝領の鏡と竹ながし（竿金）を懐中にして落ち延びる気転を忘れていない。女性が奉公先を選択したり、実家にもどるか婚家に残るか判断したりする主体性を持った時代であった。そのためにも、さまざまな気転や能力がみがかれた時代でもあったといえよう。

二　北政所おね　中世的女性の最後の輝き

国主の妻

中世の女性と政治とのかかわりについて考えてきた本書のしめくくりは、豊臣秀吉正室北政所（きたのまんどころ）の政治的位置と役割について考えることで果たしてみたいと思う。中世の女性は、今までとらえられていた以上に、広く深く政治とかかわり、また政治を動かしてきたことを述べたつもりである。それがまた当代の人々、家族親族にも支持されたものであったことも見た。そうした政治との密接な関係は、統一政権の成立によって否定されたのかどうかが、ここでの検討課題である。

北政所おね（寧々、寧子）は、賢夫人・糟糠（そうこう）の妻（貧苦を共にした妻）としてたたえられる一方、秀吉亡きあと、徳川家康寄りの考えをもち、淀殿・秀頼と対立、ついには豊臣家を亡したと非難される場合もあった。このような従来の評価に対して、ここでは「北政所」という地位の意味を考え、彼女の政治的役割に注目して、中世武家女性の政治への関与の歴史が、おねの言動にどのように再現されているのかをみてみることにする。

おねは杉原助左衛門定利の次女として、尾張国朝日村に生まれた。出生の年については、死没年である寛永元年（一六二四）に八十三歳であったという説と、七十六歳であったという二説があるため、天文十年（一五四一）、天文十七年（一五四八）、天文十八年（一五四九）生まれの三説が出されている。しかし永禄四年（一五六一）の木下藤吉郎との結婚時、藤吉郎は二十六歳であることがわかっている。おねは三説によると、それぞれこの時二十一歳、十四歳、十三歳であることになり、のち秀吉はおねを糟糠の妻と呼んでいることからみても、二十一歳説つまり天文十年生まれが最も妥当であるように思う。

北政所の名前

おねの名前についても諸説がある。桑田忠親は「おね」が正しいとし、奥野高広は「おね」「寧（ねい）」宛の秀吉書状を重視している。朝尾直弘や岡山県史編纂室の人見彰彦は「ねい」「おねい」と呼称されたものとみる。諸説さまざまなのは、北政所の書状で「禰」と署名しており、系図類では「於禰居」「寧」とあり、呼び名が一定していなかったことによる。しかし漢字は書くにあたって発音にあてはめる場合が多かったことからみて、「ねい」「おねい」「おね」と呼ばれたというのが当時の実情に近いのではないだろうか。

「お」は丁寧語、ねは長音になってねーと発音されるから、「ねい」、「おねい」、「おね」は皆同根で、時によって長くあるいは短く発音されたといえるのである。従って「ねい」を採る人見・朝尾説と、

「おね」を正しいとみる桑田説、「おね」の使用を重視される奥野説は、互に対立しているのではなく、「ねい」、「ね」に「お」を付けた丁寧語で呼ばれたか、「ね」が長音に発音されたかの表現上のちがいだけであったとみることができる。よって北政所の正しい呼称は「ねい」「ね」「おねい」「おね」であり、発語する場面で、ねーと発音されたこともあったとまとめられよう。なお「ねね」は別人である。同時代の人として木下延俊の側室の一人に「ねね」があるからである。

おねの婚姻

おねの藤吉郎との婚姻は永禄四年（一五六一）になされた。この時の様子をおねは後年回想しているが、土間に簀掻藁（すがきわら）が敷かれ、その上に薄べり（ござ）を敷いて婚儀をあげたという。板の間でなく土間が生活部分であったこと、婚儀というハレの日にも土間にわら・ござを敷く程度だったことから、藤吉郎やおねの養父母浅野長勝・七曲（ななまがり）夫妻が、まだこのころほとんど農民と変わらない住居に住んでいたことがわかる。

北政所おねと藤吉郎の婚姻に大反対をしたのはおねの母親朝日（あさひ）である。『平姓杉原氏御系図附言』は「或説に云う、政所君秀吉公に嫁し給ふは実は野合也、故に朝日君快とし給はさりしを、七曲君御佗言にて秀吉公を御婿となし給ふといへり、御家伝の意味を考るに実説なるへき歟……」というのである。朝日は藤吉郎との婚姻を「野合（やごう）」（周囲の反対も無視して当人同士が勝手に結びつくこと）とみて許さなかったので、見かねた浅野長勝・七曲夫妻がおねを養女にし、秀吉を婿としたとする。注目したいのはおねの実母朝日の態度である。母親の眼鏡にかなわない藤吉郎を婿とすることを快しとせず、婚姻を許さなかったのである。「朝日君には秀吉公の卑賤を嫌たまひて御婚姻をゆるし給はさりしに」とあるので、身分の違いから朝日は反対したことがわかる。朝日と秀吉はこの後死ぬまで不仲を通したという。

秀吉は常々自分の舅姑は浅野長勝夫妻であるといっていた。おねの生家である杉原家が浅野家に及ばなかったのは、朝日との不仲が原因である、というのである。杉原家が浅野家ほど出世しなかった理由が、朝日の責任とされていることがわかる。しかしこれを女性の立場から考えてみれば、朝日からみて、親の許しを得ない娘の婚姻は、承認することができなかったにちがいない。秀吉が立身出世してからも方針を変えず、断固としておねの結婚を承認していない朝日の態度の一貫性に、中世女性の信念を見る思いがする。母親にも子の婚姻に対する許可権があり、それに固執しつづけた朝日の態度に、中世女性の権利の一部を守り続けた姿が見えるように思う。

藤吉郎の手紙

藤吉郎がはじめて大名となり、城主となったのは天正元年（一五七三）である。近江国の坂田・浅井・伊香三郡の大名となった藤吉郎は、長浜に城を築き、この年これに入っている。信長はといえば安土城を築き、天正四年に移城している。このころの書状のなかに注目すべき二通がある。一通は秀吉の「こほ」あて書状、一通は信長の「藤吉郎女ども」あての書状である。

藤吉郎のこほあて書状は、長浜城主時代の秀吉の治政を示すものとして桑田忠親が注目している。形式的あて名はこほという名の女房であるが、内容の重要性からみて、おねあての書状であると考えるのが正しいと思う。なぜなら、相手方への消息は、相手方女房を宛名とすることは通例であるからである。女房が取次という役割を果たしていた以上、女房奉書で女房の主君の命が伝えられ、女房宛の書状で、女房の主君へ申し入れがなされるのは、中世を通じて普遍的に見られる形態であった。よってこのこほあて書状も、こほの主人おねあての書状であったと考えられる。

この書状の内容は、長浜の町の年貢についておねの方から書状をもらったが拝見した、に始まり、町人に対し藤吉郎が不憫に思い年貢を減免したところ、①思い上って在々の百姓を町へ呼び越すようになったのは曲事である、②他所の領地の者を呼び返すのはよいが、北郷の内の藤吉郎の領分の者を呼び越し、在々をあげて次々と呼び越すのは、所詮町人の年貢諸役を減免していることが原因であるから、年貢を申しつけることにする、③このように申し付けようと思ったところ、おねが減免を願っているので、先々の如く年貢諸役を減免するよう奉行の者共に申し付ける、重ねて申しておくが、おねが願っているので町の年貢は許したのである、このことをよくよく申しきかせるべきである、というものである。年欠十二月二十二日付であった。

書状をやりとりしていることからみて、藤吉郎秀吉は他国で在陣中であったのかもしれない。この書状から、秀吉が長浜の町人の年貢諸役を減免したこと、これは町人を集め城下町を繁栄させる目的でなされたものであること、町人側はこの恩恵を受けたため、近隣の在所から長浜に続々と人が流入したこと、そのため出身の在所での諸役が欠けるに至ったことがわかる。秀吉はこの傾向を見て町の年貢の増加を企図したところ、おねが反対したため、もと通り減免することになったことも知られる。そして町の年貢の減免は、おねの反対によって旧に復したことをよくよく町人に申し聞かせるべきことを付言しているのである。

とすると、秀吉不在中の長浜の政治に対して、おねは彼女の意見を反映させることができたことになる。またおねの意に沿って再度減免したことを、よくよく町人に申し聞かせるようにとあるのは、秀吉がおねをうまく立てている様子を窺えてほほえましいが、そればかりでなく、おねが町人に対し秀吉の決定を申し聞かせる位置にあったこともあらわしていると考える。秀吉の留守を守る行政機構として奉行があったことは、右の文面からわかり、正式の行政機構とは別ルートで、おねが領主の正室として、領主にかわって行政に意見を加え、また命令を下す道すじをもっていたことを示すものと考える。

信長の手紙

次に信長のおねあての書状についてみよう。これについては前稿（「北政所寧子論」『日本中世女性史論』所収、塙書房、一九九四年）で検討したが、重要な書状であるので、再度取り上げてみたい。

おほせのことく、こんとハこのち（此地）へはしめてこし（越）、けさんニいり、しうちやく（祝着）に候、ことにみやけ（土産）色〱うつくしさ、中〱めにもあまり、ふて（筆）にもつくしかたく候、しうき（祝儀）ハかりに、このはうよりもなにやらんと思ひ候へハ、そのはうより見事なる物もたせ候あひた、へちに心さしなくのまゝ、まつ〱このたひハとゝめ（止）まいらせ候、かさねてまいりのときそれにしたかふへく候、なかんつく、それのみめふり、かたちまて、いつそやみまいらせ候折ふしよりハ、十の物廿ほともみあけ候、藤きちらうれん〱ふそく（不足）のむね申のよし、こん五たうたん（言語道断）くせ事候か、いつかたをあひたつね（相尋）候とも、それさまほとのハ、又二たひかのはけねすみあひもとめ（相求）かたきあひた（間）、これよりいこハ、みもちをようくわいになし、いかにもかみさまなりにおも〱（重）しく、りんきなとにたち入候てハ、しかるへからす候、たゝし、おんなのやく（役）にて候あひた、申もの、申さぬなりにもてなし、しかるへく候、なをふんてい（文体）に、はしハ（羽柴）にはいけんこひねかふものなり、又々かしく、

（朱印）（信長）

（ウハ書）「藤きちらう
（切封）「（墨引）」
おんなとも　のふ」

信長の朱印が押されているこの書状（朱印のあることから朱印状ともいわれる）が出されたのは、天正四年ごろ、つまり信長が安土に入城した直後であろうと、奥野高広は推定している（『織田信長文書

の研究』下、吉川弘文館、一九七〇年）。未完成ではあったが、ほぼ築城を終えた安土城に信長は移り、そこへ長浜城からおねが挨拶に出むいた。そのことへの返書がこの書状である。

内容を検討すると、この書状は二段構えになっていることに気付く。初めの段では、おねが見参に来てめでたい、土産も美麗であり、返礼したいと思うが、持ってこられた品が見事なのでこのたびは思いとどまるとのべている。後半では、おねの容姿は以前より倍程も美しくなった、しかるに藤吉郎が不足をいうのは言語道断である。どこを訪ねても、おねほどの者は、二たびあの「はげねずみ」には求め難いから、以後は身持をゆったりと、いかにも上様なりに重々しくふるまい、嫉妬などをしてはならない。ただし、女の役であるから、言うべき事も全部は口に出さず、藤吉郎をあしらうのがよい。この文は藤吉郎に見せられるように、とある。

前段で信長はおねが挨拶に来たこと、その贈物の美事さの二点をほめている。この点から、気難しい信長にほめられるくらいだから、おねの審美眼のたしかさがわかるとともに、城主夫人として、近くに城を構えた主君に挨拶に出かけていることが重要であろう。このことは、国持大名としての家業を藤吉郎とおねの二人がつとめていることを示すものである。国持大名のつとめは、藤吉郎だけがつとめていたのではない。正室おねの働きもまた、大名の妻としての役割のあらわれであるといえよう。行政に意見を反映させることとならび、主君への挨拶を通じて主従関係を確認しておくことも、正室のつとめであったことがわかる。

後段では、おねの容姿がさらに倍ほどもよくなったと持ち上げ、返す刀で藤吉郎をこきおろし、そうしておいて、おねの方も正室としてどっしりと構え少々のことには動ずるなと諭している。信長の書状が数多く残っているなかでも、この書状は信長が家臣の家をどのように見ていたかがわかる貴重なものであり、また見事な書状であると思う。なぜなら、この書状一通でおねと藤吉郎の二人を諭していること、夫婦を単位とする家を、家臣の家と見ていること、妻役割を重いものとする信長の考えが表明されているからである。おねへの書状で藤吉郎までいさめた信長は、同時に藤吉郎を「はげねずみ」と呼びすてながらも身勝手さも許してやってほしいとおねに諭したのである。

また、それよりも重要なのは、正室の役割が、家の重鎮であるところにある、と信長が述べた点であろう。夫さえも掌の中に置いて、いいたい事があっても少しはがまんすべきだが、「上様」なりに重々しくあるべきだというのである。当時の「上様」は室町・戦国期、主君の正室の意で一般に使われていた。日野富子が上様と呼ばれたことは先に述べた。長浜城の家臣からおねは、「上様」とよばれているのだから、そのようにどっしりと構えていればよい、と信長はいいたかったのであろう。羽柴秀吉一人が信長の大名であり家臣であったのではない。秀吉とおねのつくる羽柴家が、信長の認める家臣であり大名であったから、正室おねは家を束ね総覧する重要な立場にあることを、信長はいい聞かせたのであると思う。

信長の家臣観

信長の家臣の家に対するとらえ方には、独特のものがあったと思う。天正七年（一五七九）のことであるが、信長は子息信忠に命じて、井戸才助を生害（自殺）させた。その理由は「妻子をも、安土へ越し候はで、所々の他家をかずへあるき、不断、安土にはこれなき、無奉公者にて候、其の上、先年謀書いたし、深尾和泉を支へ申し候、重畳曲事ども相積り、御成敗候ひしなり」であったと『信長公記』は述べている。信長の家臣である井戸才助が処刑された最も大きな理由は、妻子を安土へ呼び寄せないことにあった。そのため他家を泊り歩き、普段安土にいないから、役に立たない無奉公者と見なされたのである。妻子を安土に呼び寄せ、安土に一家が定住することこそ、信長の家臣のあるべき姿であると信長は考えていたことがわかる。井戸才助はこの件に別の一件（謀書・にせ文書）が加わったため、処罰されたのである。

信長は安土築城とともに城下町を建設し、尾張、美濃の家臣をここに移住させている。ところが主君の意図に反して、家臣の方はなかなか在地性を抜け出せず、妻子をまだ尾張に置く者もあったのであろう。井戸才助の生害はこうした家臣に対するみせしめの意も込められていたのであろう。この事件で、信長の意図が明確になる。つまり家臣とは、妻子を引き連れて安土城下町に移住すべきものであり、妻子とその夫との家をあげて信長に奉公すべきである、家臣は一家ぐるみでつまり「家」として主君信長と主従関係を結んでいるのである。井戸才助のように単身で仕えようとする家臣を、信長は必要としないばかりか、他の家臣に対して悪影響を及ぼす、と考えたのであろう。主君の「家」に対して家臣の「家」が奉公するのだという信長の考えがそこにみえる。これは藤吉郎とおね夫婦への書状の内容と共通する信長の家臣観であった。

信長、息信忠という主君の家に対し、家臣が家ぐるみで奉公するというこの主従関係は、信長が新しい領土を獲得し、城下町をつくり、支配領域を広げる際には、きわめて強力な力となって、領域支配を支えたと考える。なぜなら、これは兵農分離であるからである。井戸才助クラスの武士はその在地性を振り払い、新しい土地で町場に「兵」として集住することを義務付けられた。これこそ兵農分離に他ならない。信長は安土築城のころから、無意識のうちに兵農分離を推進していたのである。兵農分離を推進させた背景には、信長独特の家臣の「家」観――夫と妻子でつくる「家」が単位となって主君信長の家に奉公すべきもの――があったのである。

聚楽第とおね

藤吉郎秀吉、おね夫妻の主君信長は、天正十年（一五八二）本能寺で明智光秀に討たれた。後継争いで勝利を収めた秀吉は、天正十二年（一五八四）大坂城に入る。翌十三年七月、秀吉は関白となり、従一位に叙され、平姓を藤原に改姓する。夫が関白となったので、おねは「北政所」と呼ばれるようになる。摂関家の正室の呼称が北政所であったからである。

天正十四年（一五八六）十二月、太政大臣となった秀吉は、豊臣姓を受ける。これに歩調をあわせるように、おねは天正十五年に従二位、翌年従一位に昇進する。従一位になった時の位記に「豊臣吉(よし)

子」とある。おそらくは高位の人にふさわしい呼び名が、秀吉の吉をも意識して、考案され付けられたものであろう。

京都に天正十四年から建設のはじまった聚楽第は、高位高官に任じられ特に関白と北政所になった秀吉、おね夫妻の居所にふさわしい場所として、また対朝廷折衝の場として、建設されたものと考える。聚楽第の建設に着手したのは天正十四年二月、完成後秀吉がここに移ったのは十五年九月十三日、後陽成天皇を聚楽第に迎えたのは十六年四月十四日のことである。

聚楽第建設途中に秀吉がおねに出している書状がある。「ここもとの普請は大方出来上っているので安心してほしい。五もし（前田利家の娘豪姫・秀吉の養女）は、食事ができるようになったか、きん五（羽柴秀俊）・よめ・五もし（豪姫）も健気なのか、腹用心が専一である。又そなたも食事は進んでいるか。こちらの檜割は両三人がすすめている。きっと立派だと驚くことだろう。又大政所（秀吉の母）が少しわずらっている由、心元なく思っている。追伸、この檜割は、五もし・金吾・そなたの三人のためのものである。きっと気に入るだろう。火の用心を専一に、以上。」

当時おねをはじめとする秀吉の家族は大坂城にいたと思われる。聚楽第建設の進み具合を知らせるとともに、聚楽第が秀吉一人のものではなく、おねや養女養子によって構成される秀吉の家のためのものであることを伝えている。秀吉はこの時「きやう（京）てんか（天下）」と署名している。京に出て建設の指揮をとっていたのである。したがって大坂城を預る責任は、正室おねにかかっていたと考えられる。

病気の秀吉の生母を抱え、上洛したばかりの養女や養子を擁した北政所おねの姿には、鎌倉期の武士の妻にみられた夫留守中の所領成敗と家中雑事の管掌が、そのままあてはまるといえる。

聚楽第建設の意義

ここで考えておきたいのは、秀吉の関白就任とそれに伴う聚楽第建設の持つ意味の大きさである。天正十三年十一月には秀吉は山城国に検地を行い、寺社領の安堵をなして寺社を一応安心させている。天正十四年に東山に大仏殿を建設、そのためと称して天正十六年には刀狩令を出す。座の廃止も同時に実施した。つまり天正十三年七月に秀吉が関白になって以来、これらの重要政策が実行に移されていることがわかる。関白とは、百官を総べて天皇を補佐する職掌である。関白となることによって、初めて秀吉は、信長時代には暴力的手段でしか手をつけられなかった寺社や公家の所領に介入し、その特権である座の本所としての権限を合法的に奪うことができたのである。

対農民政策は天正十三年までに着々と布石を打っていた。例えば天正十一年柴田勝家の将佐久間盛政を破り、根来・雑賀の一揆を討伐、河内国に検地を行なっている。秀吉は対農民政策を仕上げるために、山城国などの検地を実施、また刀狩令を出して兵農分離を完成させる。その一方で寺社・公家に対する政策を開始するには、関白はぜひとも必要であったのである。天正十四年十一月、正親町天皇は、十六歳の後陽成天皇に譲位した。若々しい天皇に交代することによって、秀吉の関白としての発言権は一層重みを増すことになるのである。

関白就任が、対農民政策、対公家寺社政策において重大な意味を持ったことを述べたが、これはもう一つの効果を秀吉にもたらした。前田利家ら諸大名も「右近衛権少将豊臣利家」（前田利家）などとして、それぞれ官職を与えられた。ゆえに秀吉は関白として官職を通して彼らを統率する立場を獲得したことになるからである。天正十六年後陽成天皇の聚楽第行幸を機に、秀吉は利家、秀家、家康ら二十六名の大名に抜け目なく誓紙を出させる。誓紙の内容は、禁裏御料所地子以下公家衆の知行に疎意のないこととともに、関白の仰せ出されたことには違背しないことが載せられている。これらのことは、秀吉の関白就任、聚楽第への天皇行幸の目的がどこにあったかをよく示している。関白という官職を通じて、大名を統率する権威を自らの実力とは別ルートで獲得したのであり、関白と北政所の居所聚楽第へ天皇を迎えたという好機を逸せず、起請文を書かせて大名達に関白秀吉に対する忠誠を誓わせることができたのであった。

おねにとっての聚楽第

聚楽第への天皇の行幸以来、秀吉は大坂城と聚楽第を行き来する生活をしている。側室は大坂城に、身重の茶々（淀殿）は淀城にいた。聚楽第に住んでいたのはおねである。北政所が聚楽第を離れなかったのは、単にここが居所であったからではない。その理由を考えてみよう。

国内の政務の執行は、秀吉の方針に従って石田三成が大坂城でこれを担当していた。よって政治の中心は大坂であった。しかし京には朝廷があった。天正十四年十一月、周仁親王が後陽成天皇として即位以後、秀吉はさらに太政大臣となり、豊臣姓を受け、平安期の摂関政治を再現することになる。つまり養女近衛前久の娘前子を天皇の女御として入内させ、外戚の地位を獲得するのである。また、天皇の弟智仁（としひと）親王を、形の上で養子としている。天正十六年四月、聚楽第に青年天皇を迎えたことは右に述べたような諸々の意味を持つ行事であった。このように対朝廷工作の重要性を認識しそれに対して努力を傾けていたこの時期、聚楽第は関白の屋敷として、関白政治の舞台として必要不可欠の場であったといえる。

そしてこの秀吉の関白政治を京都で展開していたのがおねであった。関白政治の中でも最も重要であったのは対朝廷外交である。それを担当できるのは北政所寧子（おね）以外にはなかったと考える。智仁親王は秀吉の養子になったとはいえ、引き続き禁裏で生活しており、おねが面倒をみたわけでもなく、みることもできなかったが、養子関係を口実に、また関白の北政所として、天皇家をしばしば訪れることができた。後陽成天皇の即位を援助し、智仁親王を養子としたことにより、関白豊臣家と朝廷との関係は蜜月に入った。天正十五年九月二十七日、天正十六年五月五日におねが「参内」にあたって御服や節句の鯛を長橋局に献上したり、天正十六年閏五月十日、聚楽第から大坂へ下るため長橋局へ暇乞（いとまごい）のあいさつに来ているのは、豊臣家と天皇家の近しい関係をよく示すものである。このように両家の蜜月を固める役割はおねが果たしていた。つまり秀吉の関白政治の京都での担い手はおねであったといいたい。関白政治の中でも要（かなめ）となる豊臣家の対朝廷外交を、おねは細心の注意を払いつつつとめていたと考えられる。

秀吉の意図と聚楽第

聚楽第は豊臣秀吉時代の大名にとっても注目の場となった。というのは天正十七年九月一日、秀吉は、諸国のすべての大名衆の妻女を在京させよとの号令を出したからである。大和大納言秀長や大和の筒井氏の妻はさっそく上洛している。この号令は「世上是の故震動」（『多聞院日記』）と表現されたように、大名家に大きな衝撃を与えた。聚楽第周辺に大名屋敷をつくらせ、人質として大名の妻女を置かせることを意図した政策であろう。江戸時代に大名の妻を人質として江戸に置き、国主を参勤交代させた制度の原型がここにある。聚楽第に大名の妻の統制という役割まで負わせようとの意図が、この時期存在したことがわかる。

秀吉は姉の子秀次に関白職を譲ったが、秀次が高野山に追放され、ついには自殺したため豊臣家から関白が消失した。したがってこれ以後聚楽第がこぼたれざるをえなかったのは、関白政治の舞台として、朝廷、寺社、公家、そして武家に対する政治の舞台として、聚楽第が重要な場所であったからに他ならない。関白が不在となったこの第は、不要であり、残しておくことが政治の場を分裂させ二元化させるためにかえって害となるからこぼたれたのであろう。

天正十三年から十九年（秀次が関白となった年）まで、おねは北政所として、聚楽第に居て関白政治を担っていた。関白の代理を務めたのである。代理の内容の主たる部分は朝廷外交であった。これは他のだれも務めることのできない、北政所たるおねにしてはじめてできる役割であったと考える。

「五さ」への書状にみる北政所

天正十七年（一五八九）、側室淀殿が第一子鶴松を生む。豊臣政権は貴重な跡継ぎを得たことなる。天皇から鶴松に太刀が下賜され、産着や樽などの祝いの品を持って女官が淀へ下されている。天正十八年（一五九〇）、大兵を率いて秀吉は小田原城の後北条氏を攻める。小田原の陣中から秀吉は女房「五さ」あて、北政所あて（二通）、大政所あての書状を書いている。陣中からは吉川広家や浅野長吉らにあてた朱印状も出しているが、書状は家族あてであり、しかも北政所本人に対するものは二通あり、北政所の女房五さあてのものも、内容は北政所あてであることから、最も秀吉が信頼して留守を預けていたのは北政所に他ならなかったことがわかる。

五さあての書状では小田原での戦況を伝え、長陣になるが天下のためであるとする主文の他に、次の事柄をのべている。①敵を取り囲み、鳥籠に入れたも同然なので、危ないことはないから安心されたい。②若君を恋しく思うが、将来のため天下が静まるように北条氏に申し付けるためだから、恋しい気持も押し殺している。③皆に申し付け、大名達に妻女を呼ばせ、小田原に落ち着くよう命じ、長陣を覚悟させた。私もまた淀の者（淀殿）を呼びたいと思うので、そなたから言い、用意させてほしい。④そなたの次には淀の者が気に入っている、安心して小田原に来るように、そなたから淀へ使を出し、伝えてほしい。⑤私は小田原で年を越すことになろうが、年内に一度はそちらへ参り、大政所又は若君にも会いたいと思っている。

この書状は、主文が戦況報告であることからもわかる通り、内容からみて北政所おねあてである。またその内容から、桑田忠親の述べる通り、正室としての北政所の立場を認め、内緒で淀殿を身近く呼び寄せるようなことをしなかった秀吉の態度、つまり正室と側室の秩序を整然と定めているさまがうかがえる（桑田忠親『淀君』吉川弘文館、一九五八年）。しかしそれにさらに二点を付け加えておきたい。

第一点は、鶴松の養育についてである。大政所は聚楽第に北政所とともに居た。鶴松はどうであったのだろうか。大政所や鶴松に会いたいと書状の中で述べていることや、この年二月に秀吉は鶴松を連れて京に上っていることから考えて、また、淀殿だけを小田原陣に呼ぼうとしている点からみて、鶴松はおねの手で現実に養育されていたか、あるいは養育されるべきだと秀吉は考えていたか、のどちらかであったように思われる。北政所あての書状では、鶴松がひとりねができるようになったそうでめでたいとあるので、北政所と同居していたと思われる。豊臣家の大切な跡継ぎは、北政所に任せるべきだと秀吉は考えたのであろう。正室が後継者を養育するという命題は、この場合、実現されていたと思われる。

第二点として小田原へ呼んだのが淀殿であり、北政所を呼び寄せていない点に注目する必要があると思う。これは、秀吉が淀殿を偏愛したためと受け取る説もあるが、そうではなかろう。淀殿を寵愛し、その子鶴松を愛していたのなら、何としてでも母子共に呼び寄せるか、母子共に淀城に残すのが自然であろう。ところが秀吉は淀殿だけを呼ぼうというのである。この点からみて、秀吉は北政所に後事をすべて託すという意図があったと考える。

大軍をもって後北条氏と対峙しているとはいえ、戦中のこと故、何事がおこるとも限らない。そのような危い場所に、最も信頼する北政所おねを置くようなことはせず、後方の固め、留守中の采配を任せられる者として、北政所を聚楽第に置いたのであると思う。万一の場合、北政所に後事が託せるからである。後事の中には、嗣子鶴松を立派な後嗣者に育てるという要素も含まれていただろう。つまり秀吉の在陣中の内政の総覧が、北政所おねに与えられた役割であったと考える。

このような小田原陣中のおねの役割は、中世の武家社会で普遍的に見られた妻役割と共通するものである。鎌倉期以来、戦陣に参加したり、番役で京都や鎌倉、大宰府に詰める夫の不在中、所領を預り、それに対し責任を持ち、家の中で最高決定権を握ったのは妻であった。これが家政を取り仕切るという言葉の具体的な内容であったのである。これが武家社会の伝統であった。秀吉は後事を北政所に託し、小田原陣で存分に戦うつもりであった。後事の中には嗣子鶴松の養育もあったし、内政の総覧という大事もあった。したがってこの二つの重事を任せるには、従一位の位を持ち、朝廷交渉にあたってきた北政所を措いて他にはなかったのである。

おねの所領

秀吉の愛児鶴松は二歳で夭折したため、天正十九年（一五九一）秀吉は養子としていた秀次（姉の子）に関白を譲り、聚楽第も与えている。秀次は名実共に秀吉の跡継ぎとなった。このころ秀吉は金吾（秀俊・小早川秀秋）と豪姫を養子女としており、のち豪姫は宇喜多秀家と結婚している。ところが文禄二年（一五九三）淀殿が二度目の懐妊をした。八月に生まれたのはお拾い（秀頼）である。後継問題は今度は秀次と秀吉の間の溝となって顕現する。秀吉は文禄元年から肥前名護屋に出向き、朝鮮侵略のための指揮にあたっていた。

外に朝鮮侵略の方策を押し進め、内に跡継問題を生じていたこの時期のうち、天正二十年（文禄元年・一五九二）、秀吉はおねに所領を与えている。

北政所にこの時与えられた所領は、内田九州男の研究（「北政所・高台院の所領について」『ねねと木下家文書』所収、山陽新聞社、一九八二年）によると、平野荘に約二三七〇石、天王寺に三九八〇石、喜連村約一四〇五石、中川村約四九一石など、合計一万一石七斗という「大名並み」の所領であるという。

この所領は文禄四年に秀吉の朱印状で確認され、秀吉死後家康時代の慶長九年にも「高台院様御料所」として確認されていることがわかる。北政所所領の特徴の一つは、天正二十年の一万一石余に比べて文禄四年一万五六七二石余、慶長九年一万六三四六石余、元和三年一万六九二三石余と増加していることである。このことは、北政所がその所領を確保することに力を注いでいたことを示す。所領は代官支配であったとはいえ、北政所おねは、その所領を一たん秀吉から与えられた後は、戦乱の中でも確保に努めたことが知られる。

ではなぜ天正二十年という年に、秀吉は大きな料所を北政所に与えたのであろうか。その理由は、関白職が秀次に譲られ、聚楽第も秀次のものになった点にあったと考える。おねには財源というものがなかった。大坂城へ居所は移したが、正室としての体面を整える経済基盤がなかったことが、秀吉による料所給与の理由であったと考える。

おねに子が生まれず、鶴松も死去したこのとき、跡継ぎが秀次に決定すれば、正室として嗣子を養育する役割もなくなるわけである。関白夫人北政所としての朝廷外交も、役割を終えていた。よっておねに、正室分として、秀吉が生前譲与として与えた所領がこれであったと考える。婚姻時に持たせる化粧料や、後家に与えられる扶持＝後家分とは異なる。秀吉生存中に正室分として与えた所領であるからである。天正二十年という時期の情況を考えると、これは嗣子がほぼ秀吉の甥秀次と決まった段階で、正室北政所の居所が大坂城に移り、関白の代理をする必要がなくなり、朝廷外交も役目をおえ、嗣子養育の責務からはずれたおねに対する、秀吉の生前譲与であったと考えざるをえない。秀次には関白としての地位が与えられていたが、北政所にはそれまでの功績に対し何も与えられていなかったからである。

さらに、おねが得た所領は大坂城の東南部に位置する地域であり、平野は堺とともに信長時代以前から自治的商業都市として有名な地であった。信長、秀吉は平野を直轄領としていた。脇田修や内田九州男によれば平野荘から金子・銭・油が納められたのは、北政所の所帯が貨幣収入を要求したからであるという（脇田修『近世封建社会の経済構造』御茶の水書房、一九七八年）。

これらの所領からの収入が北政所の経済基盤となったことを示している。この所領は秀吉死後、高台院（北政所の出家院号）の所領として存続し、秀吉生存中に任命された代官小出秀政が亡くなった後は、慶長九年以後、高台院の意志によって代官が木下家定に決定されている。名実共に、高台院の所領として、江戸時代初め独自性を保っていたことがわかるのである。つまり一万石から一万七千石に増えたこの所領は、秀吉から割き与えられた北政所おね独自の所領であり、そこから納入される米、金子、銭、人夫は、豊臣家の代官を通じて、のちにはおねの代官木下氏を通じて徴収され、北政所自身の経済的基盤となったと考えられる。

後家役割の分裂

淀殿の二男秀頼の出生は文禄二年（一五九三）であった。秀頼の養育には、おねは直接関与しておらず、このたびは淀殿のもとで育てられた。秀頼はおねのことを「まんかゝ様」と呼んでおり、母と同様に尊重していたが、秀吉の書状にもみえるように、二の丸（淀殿）が養育責任を持ったと考える。その理由の一つに、前稿でみたように、北政所の年齢とも関係があったと思われる（拙稿「北政所寧子論」）。ともあれ淀殿は後継者秀頼の生母として、豊臣政権の中で、北政所に対抗する大きな発言権を確立することとなった。

慶長三年（一五九八）醍醐寺で催された花見の宴のさい、北政所おねは醍醐寺三宝院に百貫文もの寄付を行なっている。百貫文といえば当時の換算で米一石六斗の百倍、つまり米百六十石にあたり、下級武士の年俸に相当する。こうした多額の銭を自由に裁量できたのは、右述の北政所所領を得ていたためであろう。

この時の輿次第（こししだい）（輿の順）から秀吉妻妾の序列がわかる。つまり北政所、淀殿、松の丸殿（京極氏）、三の丸殿（織田氏）、加賀様（前田氏）の順である。花見の際、松の丸殿と淀殿の盃争いがあり、それを仲裁したのは北政所と前田利家正室芳春院であったとされる（『陳善録』）。仲裁が北政所の手によって行われていることからみて、北政所は正室として、妾とは別格の高い地位にあったと考えられる。かつて信長がおねに与えた教訓「おもくしく」は、おねによって忠実に実践されていたのである。輿次第のような単なる順番で妻の座が決まっていたのではなかったのである。

同年八月十八日、秀吉は六十二歳の生涯を閉じる。五大老に秀頼のことをくりかえしたのみつつ。秀頼はこの時六歳であったので、実母淀殿が後楯として政治の前面に出てきた。入れ替わるように、北政所おねは髪をそぎ、尼となっている。

のち淀殿が秀頼を豊臣家の後継者として天下を治めさせることに固執し、徳川家康と対立、大坂城で自焼することになった遠因は、秀吉の死によって、それまで整然と維持されてきた北政所を頂点とする妻妾の序列が崩れたためである。しかしそれよりも重大なのは、後家役割が分裂したことにあると思う。淀殿は秀頼の生母であるから、秀吉亡きあとはその後継者の母として、政治を後見する立場にいると考えたのは道理であろう。淀殿は、自分こそ後家役割の正当な担い手と考えたにちがいない。

一方、北政所おねは、九月には京都三本木の屋敷に移り、ついで剃髪、慶長八年（一六〇三）十一月、高台院の院号を許され、十年には高台寺を建立する。こちらは秀吉死後ただちに後家尼としての道を歩んだことになる。北政所は政治の前面から退いたのであるが、周囲にいた加藤清正、福島正則ら尾張出身の子養い（こがい）の大名や、家康までが、北政所のもとに集まってきた。彼らの意図は、北政所の後家尼としての役割に満足せず、後家一般の役割に拡大しようというものであった。つまり北政所は家康の代理として、慶長十年（一六〇五）、秀忠の将軍拝賀の礼に行くよう秀頼・淀殿のもとへ行き、その場で淀殿と正面衝突をするのは、こうした背景があったからであると思う。

後家の役割が、生母として後見しようとする淀殿と、尼として菩提を弔う姿になった北政所おねとの二人格に分裂したのが、悲劇を生む一因となったと考えられる。中世の後家は一般に跡継ぎが年少である時、後家と跡継ぎが力を合せて、あるいは後家自身が執政しており、また一方で亡夫の菩提を弔ってもいた。後家の二つの役割は一人の人格の中で行われてきた。あるいは二つの役割が分裂しても、再婚して訴訟になる程度であった。天下を左右するような地位に淀殿と北政所がいたことも、問題を大きくした原因ではある。不幸なことに、秀吉死後の後家役割が、二人の人によって別々に果たされるという、後家役割の分裂が顕現したのである。そしてこの分裂をより深刻にしたのは、まわりの人物の思惑である。それぞれの後家役割を相手方の分野にまで踏み込ませようと、周辺が働いたことが、淀殿と北政所の衝突として現象したと考える。

おねの一生とその役割

おねは秀吉が関白となることによって北政所と呼ばれることになった。彼女自身も従一位という高い位を拝領する。養親浅野長勝が織田家足軽組頭であったこと、婚姻時のそまつな屋内のもようなどからみて、下級武士階級の出身と考えられるおねが、従一位北政所にまで登りつめたのである。これは女性における下剋上の最高の事例といえよう。

北政所となったおねには、聚楽第を舞台として、関白政治の代理という役割が課された。特に朝廷外交という気の重い仕事を、おねは立派に果たしている。またこの時期、淀殿の生んだ第一子鶴松を も養育するという役割を負っていた。これらが、正室おねの担った北政所時代の役目であった。

関白が秀次に譲られると、これら二つの役割はおねの肩からはずされ、こうした功績に対して平野荘以下の料所が秀吉から与えられたのである。これらの所領はおねの地位を支える経済的基盤として永く彼女に確保されていく。

秀吉の死後、北政所おねは後家尼としての道を歩み、淀殿は後家として秀頼の後見役に意欲を傾ける。こうして後家役割が二人格に分裂したこと、またそれが周囲の人々によって互いに拡大させられようとしたことが、二人の衝突、ひいては豊臣家の終末へとつながっていったのである。

こう見てくると、北政所の姿は中世的な武士の妻、後家の典型であることがわかる。北条政子にも日野富子にも、戦国期の武士の妻や後家にも見られた姿を、その一生の中に含んでいるのである。妻として夫と役割を分かちあいつつ家をもりたて維持することにつとめ、とくに家外交には力を発揮し、後家ともなれば、跡継を決定し支えつつ亡夫の菩提を弔う、こうした姿が、鎌倉期から織豊政権期まで、一貫して妻・後家の中にみられたことが特筆できよう。これは武士階級の女性が、中世を通じて、それぞれが生きた場で、政治を担っていたことに他ならない。

女人政治はトップの部分だけでなく、広い裾野でそれぞれの家で、なされていたのである。女人政治が政子や富子、北政所の姿の中に顕現したのは、それぞれの武士の家における妻や娘や後家が、家の政治に関与し（家外交を含む）、それぞれ役割を分担し、家中を管掌、家事をとりしきっていたことの集積の上にあらわれたことであったと考える。

おわりに

武士の家では、鎌倉期に家父長制が確立していた。家長が他の家族成員や、家に従属する郎従、僕従、下人、所従などに対して、命令権をはじめとする大きな権限を持っていた。それは財産分与を家長が行える点に、もっともよくあらわれている。惣領が庶子に軍役を配分・徴収した点には、家長権の延長としての、一族内での惣領の統率権が看取される。家長は、郎従など家族以外の構成員に対しては、特に強い権限を持ち、烏帽子親として主従関係を強化したり、時には売買したりしたこともあった。このように武士の家では家父長制が家を持続させる原理として採用されていたといえる。

しかし、そうだからといって、妻や娘が家父長権のもとに、全く無力な存在に転落したわけではない。女性が財産相続権を持ち、妻は所領成敗権、家中雑事管掌権を握っていた。後家になれば、夫にかわって家長という位置につき、家長権を代行した。後家が大きな権限（時に「裁判権」とも呼ばれた）を持ったことは、家長の代理として当時一般に承認されるものであった。

このような後家になってからの大きな権限の掌握は、突然発生したものではない。娘の時代、妻の時代から準備されたものであった。特に妻は、夫の家長権のもとにあって発言権を持たないというものではなく、家長という地位にこそなかったが、夫留守中の所領成敗権や、日常的な家中雑事管掌権を持っていたので、家政の実質を分担して果たしていたといえるのである。このような武士一般の妻の立場が、北条政子の源頼朝正室時代の政治、後家時代の政治、日野富子の足利義政正室時代の執政、北政所おねの聚楽第での家外交などを支えた基盤であった。北政所おねが、豊臣秀吉の死後、一方の武将達によって政治的に利用されたのも、後家として政治にかかわる伝統を、当時の人々が充分認識し活用しようとしたことの反映であろう。このように女人政治の伝統は広く深く、中世武士階級の女性一般のなかに力強く保たれてきたのである。

女性は実名でよばれることは少ない。おねの名に関して諸説が現れたのはそのためである。実名で呼ぶのは親しい間柄や、幼い時であり、高貴な人ほど実名で呼ぶのは失礼と考える風習があった。また簾(すだれ)の中にいる貴人が、それが女性であっても、政治を執ることは、日本の伝統であったと、室町時代の碩学(せきがく)一条兼良は述べている。その貴人の言葉を伝え、貴人に言上する時、女房を介して行うのが正式の方法であった。こうした習慣が存在したことが、女房をひろく社会的に必要とした背景を形づくっていたのである。

本書では、武士階級の女性を主として対象としてきたが、室町期以後の幕府では、公家や寺社の娘も女房として出仕していることも本文の中でのべた。朝廷や幕府で、女性が働く場が公的に存在したことは、各家で女性が妻や娘や後家として、また仕女(しじょ)（はしため、家事をする下女）として働いていたことの反映でもある。女性の活動の場を、政治的部分から拡大して、さらに検証していくことが、本書に残された課題であり、また私自身の課題でもあると感じている。

付　記

講談社から『女人政治の中世』が出版されたのは、今から二十六年前の平成八年（一九九六）三月二十日のことである。これ以前に、日本中世の京郊村落（上久世荘、革島荘、山科七郷など）や新見荘の領主—農民関係、用水相論、土一揆、徳政一揆などを研究するかたわら、村落や都市での女性の職業、生活、惣結合の中での女性の役割などに興味を持ち続けていた筆者は、女性史研究の一端を『日本女性史　第2巻　中世』（東京大学出版会、一九八二年）中の「大名領国規範と村落女房座」、『日本中世の女性』（吉川弘文館、一九八七年）などとして執筆していた。

いっぽう、大学院修了後、京都橘女子大学（現京都橘大学）に勤務することができた筆者は、女子学生に生きるための智恵として、女性史を読み込むことを、特に歴史学科の学生たちに説いてきた。専任教員となったことにより、六コマのうち必ず一つは「女性史」を講義する責務を負ったので、なお一層女性史研究を重点的に行うべきだと考えるようになった。

担当科目は「中世史特講」、「日本女性史研究」を引き継いだ一九九七年からの「日本女性史特講」や「京都の歴史と文化」などであったので、必然的に女性史の通史を史料に基づいて、わかりやすく講義することを目指さざるをえなくなり、他の時代は深く掘り下げることは不可能なので、中世部分の講義を手厚くし、半期十五回の約半分強を、中世女性史を実証的にかつ論理的に分析し、論証する時間にあてることとした。大学が共学になった二〇〇七年以後も日本女性史関係の科目はもとのまま継承されているので、文学部歴史学科では、多くの女子学生と共に、男子学生の半分以上が日本語日本文学科の男女学生と共に「日本女性史特講」を受講している。

「日本女性史特講」では、先行研究と私自身の研究論文や著書をもとに中世女性史の講義内容を、史料も取り入れて、レジュメに記載して詳しく話すことができたが、学生からは「もっとくわしく知りたい」「この点を深く理解するにはどうしたらいいですか?」などの質問が返されてきたとき、最も役立ったのは本書のもとの本『女人政治の中世—北条政子と日野富子』（講談社現代新書、一九九六年）である。しかしこの本はなぜかその後品切れとなったので学生が困っていたため、私の手持ちの五冊はすぐになくなってしまい、今や一冊だけを大切に取り置いている状態であった。

今回この書が吉川弘文館から「読みなおす日本史」シリーズの一冊として再刊されるのは願ってもない機会であり、筆者からあつくお礼を申し上げたいと思う。

私自身本書を基礎に、さらに深く掘り下げたり普遍化したり、時代背景や人物相関関係を図式化してみることなどを試み、論文を書き、また単著『北条政子—幕府を背負った尼御台』（人文書院、二〇〇三年）、『乳母の力—歴史を支えた女たち』（吉川弘文館、二〇〇五年）、『北政所おね—大坂の事は、ことの葉もなし』（ミネルヴァ書房、二〇〇七年）、『細川ガラシャ―散りぬべき時知りてこそ』（ミネルヴァ書房、二〇一〇年）、『足利義政と日野富子―夫婦で担った室町将軍家』（山川出版社、二〇一一年）、『室町将軍の御台所―日野康子・重子・富子』（吉川弘文館、二〇一八年）、『日野富子―政道の事、輔佐の力を合をこなひ給はん事』（ミネルヴァ書房、二〇二一年）を世に問うことができた。近年のこれらの業績は、本書が私自身の研究の原点としてあったから生まれたものである。今回本書のような中世全体の女性史の通史を再び若い世代に読んでもらえるように企画されたことに対し、編集者及び吉川弘文館に深く感謝したいと思う。

なお、卒業論文以来追究し続けてきた中世村落史研究と女性史研究を、社会史研究として合体させた書として上梓していただいた『日本中世の村落・女性・社会』（吉川弘文館、二〇一一年）も、私自身のこれまでの研究の総仕上げとしてご覧いただければ幸いである。

二〇二二年（令和四）一月十日

田端泰子

本書の原本は、一九九六年に講談社より刊行されました。

著者略歴
一九四一年　兵庫県に生まれる
一九六九年　京都大学大学院文学研究科博士課程修了、文学博士（京都大学）
現在、京都橘大学名誉教授

〔主要著書〕
『中世村落の構造と領主制』（法政大学出版局、一九八六年）、『山内一豊と千代』（岩波書店、二〇〇五年）、『細川ガラシャ』（ミネルヴァ書房、二〇一〇年）、『室町将軍の御台所』（吉川弘文館、二〇一八年）

女人政治の中世
北条政子と日野富子

二〇二二年（令和四）五月十日　第一刷発行

著　者　田端泰子（たばたやすこ）
発行者　吉川道郎
発行所　株式会社 吉川弘文館
郵便番号一一三―〇〇三三
東京都文京区本郷七丁目二番八号
電話〇三―三八一三―九一五一〈代表〉
振替口座〇〇一〇〇―五―二四四
http://www.yoshikawa-k.co.jp/
組版＝株式会社キャップス
印刷＝藤原印刷株式会社
製本＝ナショナル製本協同組合
装幀＝渡邉雄哉

ISBN978-4-642-07512-1

刊行のことば

現代社会では、膨大な数の新刊図書が日々書店に並んでいます。昨今の電子書籍を含めますと、一人の読者が書名すら目にすることができないほどとなっています。ましてや、数年以前に刊行された本は書店の店頭に並ぶことも少なく、良書でありながらめぐり会うことのできない例は、日常的なことになっています。

人文書、とりわけ小社が専門とする歴史書におきましても、広く学界共通の財産として参照されるべきものとなっているにもかかわらず、その多くが現在では市場に出回らず入手、講読に時間と手間がかかるようになってしまっています。歴史の面白さを伝える図書を、読者の手元に届けることができないことは、歴史書出版の一翼を担う小社としても遺憾とするところです。

そこで、良書の発掘を通して、読者と図書をめぐる豊かな関係に寄与すべく、シリーズ「読みなおす日本史」を刊行いたします。本シリーズは、既刊の日本史関係書のなかから、研究の進展に今も寄与し続けているとともに、現在も広く読者に訴える力を有している良書を精選し順次定期的に刊行するものです。これらの知の文化遺産が、ゆるぎない視点からことの本質を説き続ける、確かな水先案内として迎えられることを切に願ってやみません。

二〇一二年四月

吉川弘文館

読みなおす
日本史

読みなおす
日本史

鎌倉幕府の転換点 『吾妻鏡』を読みなおす　永井　晋著　二二〇〇円

奈良の寺々 古建築の見かた　太田博太郎著　二二〇〇円

日本の神話を考える　上田正昭著　二二〇〇円

信長と家康の軍事同盟 利害と戦略の二十一年　谷口克広著　二二〇〇円

軍需物資から見た戦国合戦　盛本昌広著　二二〇〇円

武蔵の武士団 その成立と故地を探る　安田元久著　二二〇〇円

天皇家と源氏 臣籍降下の皇族たち　奥富敬之著　二二〇〇円

卑弥呼の時代　吉田　晶著　二二〇〇円

皇紀・万博・オリンピック 皇室ブランドと経済発展　古川隆久著　二二〇〇円

日本の宗教 日本史・倫理社会の理解に　村上重良著　二二〇〇円

戦国仏教 中世社会と日蓮宗　湯浅治久著　二二〇〇円

伊達政宗の素顔 筆まめ戦国大名の生涯　佐藤憲一著　二二〇〇円

武士の原像 都大路の暗殺者たち　関　幸彦著　二二〇〇円

海からみた日本の古代　門田誠一著　二二〇〇円

鳴動する中世 怪音と地鳴りの日本史　笹本正治著　二二〇〇円

本能寺の変の首謀者はだれか 信長と光秀、そして斎藤利三　桐野作人著　二二〇〇円

餅と日本人 「餅正月」と「餅なし正月」の民俗文化論　安室　知著　二四〇〇円

古代日本語発掘　築島　裕著　二二〇〇円

夢語り・夢解きの中世　酒井紀美著　二二〇〇円

食の文化史　大塚　滋著　二二〇〇円

後醍醐天皇と建武政権　伊藤喜良著　二二〇〇円

南北朝の宮廷誌 二条良基の仮名日記　小川剛生著　二二〇〇円

吉川弘文館
（価格は税別）